ちとは……

安心感に支えられ、自分の思いを自由に表現できること

安全で安心できる居場所が確保され、自分が受け入れられている実感がもてる

人に対する信頼感が育つこと

子どもの心の中に、たくさんの信頼できる人が住めるようになっていく

やりたいことやあこがれが育つこと

子どもが外の世界に対する魅力を見つけ出していく

1歳ごろ　2歳ごろ　3歳ごろ

〈基本的・日常的生活活動〉

3歳までの子どもにとって「心地よい身体性」の獲得は、特別な意味をもっています。離乳食にはじまる食との出会い、睡眠のリズムの獲得、排せつの自立、そして清潔な生活習慣の獲得と……。自分の中に獲得した心地よさと、新たに遭遇する生活文化との間には、矛盾が満ちあふれているのです。鍵をにぎるのは、くり返す心地よい体験を通して「喜び」と「期待」の感覚が育つこと。保育者の根気と、ゆとりと、やさしさが問われます。

〈探索・探究する生活〉

周囲の世界に対する興味・関心が限りなく広がっていくのが、この時期の子どもたちです。寝返り・ハイハイの獲得・歩行の自立と、要求の拡大が身体の発達を誘い、身体の発達とともにおもしろさも拡大していきます。安全に配慮された、興味あふれる空間の中、自由に探索・探究する生活を保障することが大切です。そして自然との出会いを通して、さらに広い世界へと、子どもたちの探索・探究する生活は広がっていくのです。

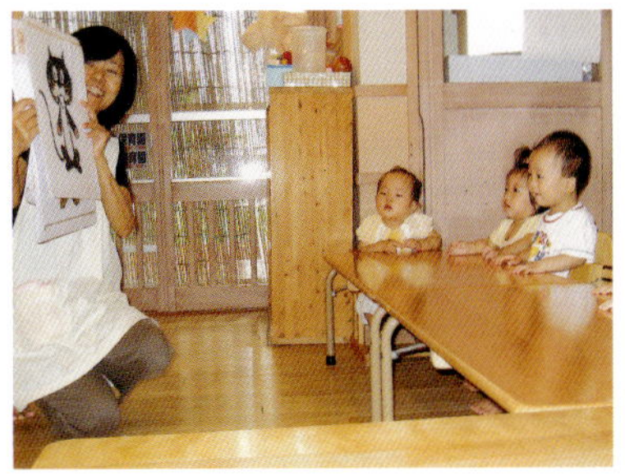

〈文化に開かれた生活〉

保育者とのていねいなかかわりを通して、おとなに対する安心と信頼の関係を獲得した子どもたちの思いは、やがてうたや絵本といった文化の世界に広がっていきます。うたや絵本の音や言葉をくり返し耳にする経験は、他者と共感する心地よさと、背後に広がる物語の世界へと子どもたちを誘っていくのです。あそびうたを通して子どもと保育者の関係が広がる乳児期から、文化を共有しあう仲間の関係へと、子どもたちの世界は大きく広がっていくのです。

〈創造的で協同的な活動〉

幼児後期に花開く「創造的で協同的な活動」の芽が育っていくのが、乳児期から幼児前期の段階です。乳児後期に獲得する3項関係にはじまって、みたて・つもりあそびからごっこあそびへと、虚構と想像を共有しながら物語を創造しあう仲間関係が豊かに育っていくのがこの時期です。モノ・人・文化とのかかわりをすべてつなげながら「未来」と対話しあっていく活動を、「希望」を育てる保育実践の端緒を開く実践として大切にしたいものです。

イッショ！がたのしい

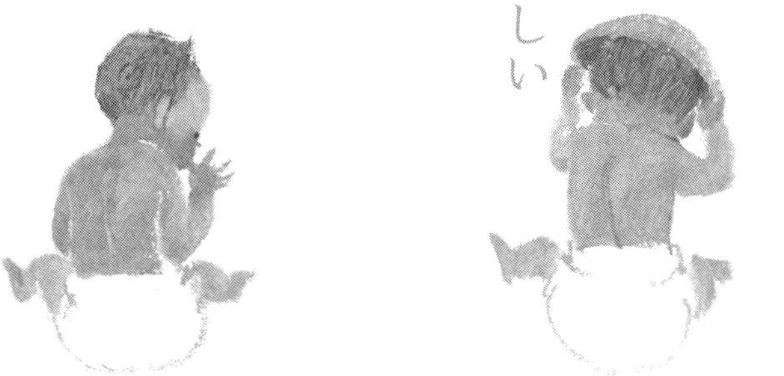

子どもとつくる

子どもとつくる保育・年齢別シリーズ

1歳児保育

加藤繁美・神田英雄 監修
Kato Shigemi　Kanda Hideo
服部敬子 編著
Hattori Keiko

ひとなる書房 HITONARU SHOBO

もくじ

子どもとつくる１歳児保育——イッショ！がたのしい

序

喜びと希望を紡ぎあう保育実践の創造にむけて

1 新時代の保育実践を、子どもとともに

時代が19世紀から20世紀へと変わろうとする世紀転換期、「20世紀に特徴を与えるのは次の新しい世代である」と喝破し、そんな思いを『児童の世紀』（小野寺信・小野寺百合子訳、冨山房）に認め（したた）めたのは、スウェーデンの女性思想家エレン・ケイ（1846-1926）でした。

もちろん、ケイだけではありません。「児童中心主義」をスローガンに掲げた「新教育運動」が世界を席巻していったのが20世紀初頭の出来事なら、20世紀後半には「子どもの最善の利益」を思想的核心にすえた「子どもの権利条約」を手に入れるところまで、「子どもの権利」を大切にする思想と実践は、20世紀を通して拡大し続けてきたのです。

しかしながら、それと同時に、20世紀は戦争と紛争の世紀でした。戦争と紛争は、社会的弱者である子どもたちの生命を奪い、「権利」の入り口にも立てない子どもたちを、多く生み出すことになりました。

また20世紀は、産業化の流れに牽引される形で拡大した、商品と消費の世紀でもありました。自然あふれる生活の中で、ゆっくりと人間へと成長してきた「人間化」の道筋を、商品と消費の価値に置き換えていった百年でもあったのです。

と同時に、20世紀は学校の世紀でもありました。人間形成に「学校」が大きな位置を占めるようになり、乳幼児の発達も学校的価値に大きく影響を受けるようになってきました。

深刻なのはこうした中、愛されながら発達するという、人間発達のもっとも基底に位置する権利を保障されないまま乳幼児期を過ごす子どもたちを、この時代が生み出していることです。

本シリーズは、こうした時代に求められる保育実践を、子どもと保育者の相互主体的な

関係を基礎に創造しようという意図のもと、編集されています。シリーズを貫くコンセプトは「子どもとつくる」。年齢別に編まれたそれぞれの巻では、この時代が求める「子どもの声と権利」に根ざした保育実践の理論と実際を、発達課題に対応させながら整理しています。

2 「喜び」と「希望」を紡ぎあう保育実践の構造

1）子どもの中に「喜び」と「希望」を育てる３つの要素

もっとも、一口に「子どもとつくる」と言っても、０歳児の保育実践と５歳児の保育実践とを同列に論ずることはできません。なんといっても乳幼児期は、「対話する主体」として子どもたちが成長・発達しつつある段階なのです。いくら「相互主体的関係」で保育実践を展開するといっても、実践の展開過程で、子どもと保育者が完全に対等な関係になるということなど、現実にはありえないことなのです。

大切なのは、子どもたちを「対話する主体」へと育てる実践を、対話的関係を創造する営みの中で展開することです。つまり、子どもたちを「対話する主体」へと育てる道筋を構造的に整理し、それを保育計画と保育実践の基本視点と位置づけながら、実際の保育実践は、対話的関係に徹しながら柔軟に展開していく……。そんな実践を、発達課題に対応させながら展開していこうというのです。

その場合、シリーズを通して大切にしたいと考えているのが、子どもの中に「喜び」と「希望」を育てる保育実践の姿です。それは、そもそも子どもたちが「喜び」と「希望」に向かって生きていく存在だという素朴な理由から描き出したものですが、それと同時に、そんな子どもの発達を保障する生活を、意識的・組織的に、しかしさりげなく創りだしていくことを時代の課題と考えたからに他なりません。

本シリーズではこうした課題意識のもと、子どもの発達を次に示す３つの要素が豊かに育つことと位置づけています。

①安心感に支えられ、自分の思いを自由に表現できること
②自分の心の中に、たくさんの信頼できる人が住めること
③やりたいことやあこがれが、自分の中に育つこと

監修者の一人である神田英雄が、この時代に生きる子どもたちに、とりわけていねいに保障したいと語ったことを起点に、執筆者が議論し、合意した内容ですが、①と②が現在を「喜び」とともに生きる子どもの姿であるのに対して、③に示した内容が、「希望」を創りだし、「未来」に向かって生きていく子どもの姿に対応しています。

2）子どもの中に「喜び」と「希望」を育てる４つの生活

重要な点は、こうして整理した、子どもの中に形成する「３つの要素」に対応する形で、子どもたちに保障する生活・活動も整理できる点にあります。

たとえば、①の子どもたちが「自分の思いを自由に表現できる」生活は、子どもの周囲に広がる自然や事物に対する興味・関心を起点に、豊かに広がっていきます。本シリーズでは、こうして子どもの前に広がる「喜び」の世界を、「周囲の環境や事象に、驚きや不思議心で働きかける探索・探究する生活」**〈探索・探究する生活〉**と位置づけています。

また、②の子どもの中に「たくさんの信頼できる人が住める」生活のほうは、「保育者に対する安心・信頼を基礎に、文化に向かって開かれた生活」**〈文化に開かれた生活〉**と整理しています。乳児期から幼児前期の実践においてとりわけ大きな意味を持つ「保育者に対する安心と信頼の感覚」は、やがて保育者の背後に広がるたくさんの人々が大切にする価値や思いを形にした文化的価値に向かって開かれていくことになるのです。つまり**〈文化に開かれた生活〉**は、子どもの中に広がる「喜び」のもう一つの側面を構成する要素として、生活の中に位置づけられていくのです。

これに対して、③の「やりたいこと」や「あこがれ」が育つことは、子どもたちの中に「希望」が育つことを意味しています。未だ体験したことのない「未来」に向かって、仲間と共に「主体性と協同性とを響かせながら創造的で協同的な活動を展開していく生活」**〈創造的で協同的な活動〉**に子どもたちは、目を輝かせて取り組むようになっていくのです。もちろん、乳児期から幼児前期にかけてこの活動は、未だ主たる活動にはなりません。幼児中期（３～４歳半）から幼児後期（４歳半～６歳）にかけて、幼児が幼児らしく輝く活動がこれにあたります。

このように本シリーズでは、子どもたちが「喜び」と「希望」を紡ぎあう生活・活動を、**〈探索・探究する生活〉〈文化に開かれた生活〉〈創造的で協同的な活動〉**に分類・整理して論じていきますが、乳幼児の保育実践を考えるとき、あと一つ忘れてはいけない生活があります。食事・睡眠・排泄・清潔といった「基本的生活活動」と、グループや当番活動といった「日常的生活活動」にかかわる生活です。「心地よい身体性と、安定した居場所を保障する生活」**〈基本的・日常的生活活動〉**がこれにあたります。

図は、こうして４種類に分類・整理された生活・活動を、「喜び」と「希望」に向かって発達していく子どもの姿に対応させて、さらに３層構造で整理し直したものです。

図　保育実践を構成する4つの生活・活動の構造

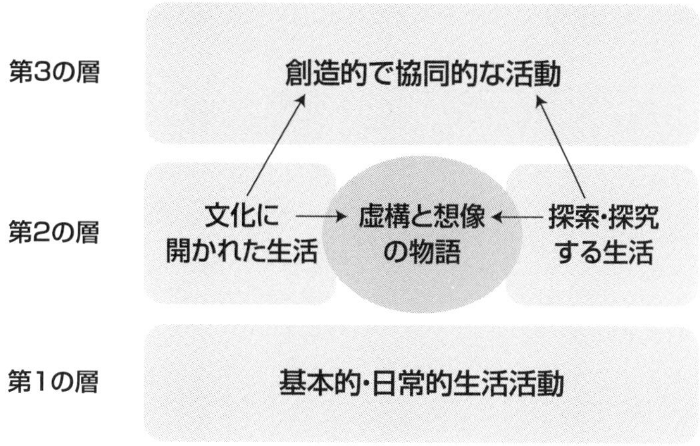

図の中で「第１の層」を構成しているのが〈**基本的・日常的生活活動**〉です。心地よい身体性と安定した生活が、すべての活動の基礎になっていき、この上に〈**探索・探究する生活**〉と〈**文化に開かれた生活**〉が豊かに広がっていくのです。この「第２の層」が子どもの中に形成される「喜び」の２つの側面を構成しているわけですが、こうして２種類の「喜び」の世界が拡大するのに対応して、子どもの中には「虚構と想像の物語」が生成していきます。乳児後期に形成される「３項関係」にはじまって、幼児期に大きく発展していく「ごっこあそび」や「想像力」の世界がこれにあたります。

そしてこの「虚構と想像の物語」を媒介にしながら、すべての経験をつなげる形でつくられていく活動が、「第３の層」に相当する〈**創造的で協同的な活動**〉です。乳児後期に「芽」を出し、幼児後期に大きく開花していくこの活動は、まさにこのシリーズを象徴する保育実践になっています。

3）対話する保育実践は、対話的関係の中で創造される

本シリーズでは、以上見てきたように、３層に構造化された４種類の生活・活動を、保育計画の構造として位置づけています。もちろん、実際には４種類の生活・活動がバラバラに存在することはありえませんし、年齢によって、その関係も発展していきます。

保育者の頭の中で整理された計画は、常に子どもの要求との間で、練り直され、組み替えられ、柔軟に発展させられていくことが重要です。こうした関係をシリーズでは「対話的関係」と位置づけていますが、保育計画と保育実践が生成・発展的に展開する「生きた保育実践」を、「子どもの声と権利」に根ざした実践として創造する過程を、それぞれの巻では、年齢や発達課題に対応させる形でていねいに論じています。

3 各巻の構成と、本巻（「イッショ！がたのしい」1歳児保育）の特徴

以上のような課題意識にもとづき、シリーズを通してそれぞれの巻は、3部で構成されています。

1）1歳児の発達課題と保育実践の課題

第Ⅰ部は、年齢・発達段階に対応した「発達課題」と「保育実践の課題」を論じています。乳幼児を対象とする集団保育の課題は、子どもたちの年齢・発達段階に対応した「成熟発達的文脈」と、社会が保育実践に期待する「社会文化的文脈」との接点で決定されていきます。1歳児を対象とした保育実践の中で、2つの文脈の接点をどのように創りだしていけばよいか、最新の知見と具体的な事例とを交えながら論じています。

とくに本巻が対象とする1歳児クラスは、一人ひとりの子どもの中に「自我」の世界が誕生し、拡大していく時期にあたります。この本の中ではそんな子どもの姿を、まず**〈いちいちまめな「いいモノ」探しの1歳児〉**と位置づけ、論じています。実際、1歳児は自分で「目標」を見つけると、手を、足を、そしてからだ全体を一直線に動かしながら「いいモノ」探しをしていく時期なのです。「ジブンデ」「ジブンノ」「モッカイ」と、自分の中に誕生させた「自我」の世界を拡大させながら生活していく姿の中に、まさに1歳児の1歳児らしさがあるのです。

もちろん、だからといって1歳児は、ただ一直線に進んでいくだけの存在ではありません。頭の中に虚構世界を創りだし、イメージの世界を生み出すことができるようになる1歳児たちは、いっしょに生活する仲間と「気分」を共有し、イメージを共有しながら遊ぶことを何よりも楽しく感じるようになってくるのです。そんな子どもたちを本書の中では**〈「みんなとイッショに」が楽しい1歳児〉**ということばで整理しています。

もっとも、こうして目標に向かって一直線に「いいモノ」探しをする1歳児の姿と、「みんなとイッショに」を楽しむ1歳児の姿とを、毎日の保育実践の中で統一させることは容易ではありません。大切な点は、こうして形成される2つの「自我」の間に**〈ヨコのつながり〉**を創りだし、2つの「自我」のバランスをとろうと努力しはじめる1歳児の姿を、保育実践のなかに正しく位置づけることにあります。そしてこうした多様な経験を通して、しだいに子どもたちが**〈立ち直る自我〉**の芽をゆっくりと育てていく点に、1歳児保育のおもしろさとむずかしさがあるのです。

第Ⅰ部では、そんな1歳児の発達課題と保育実践の課題を、具体的な事例を交えながら理論的に整理しています。

2）１歳児保育における計画と実践の特徴

第Ⅱ部は、こうした発達課題・教育課題に応える１歳児クラスの実践を集めています。その際、子どもたちが喜びと希望を紡ぎあう４種類の生活・活動に対応する形で具体的な実践を紹介していますが、当然のことながらここに示した４種類の生活・活動は、実際の保育の場では、常に連関しあいながら展開されていくことになります。

そうした中、１歳児保育において豊かに花開いていくのが、先に**図**の中で第２層に位置づけた**〈探索・探究する生活〉**と**〈文化に開かれた生活〉**です。

実際、**〈いちいちまめな「いいモノ」探しの１歳児〉**はとにかく好奇心旺盛で、不思議さとおもしろさの感情を持ちながら、周囲に広がる環境に能動的に働きかけていきます。そしてそんな子どもたちの願いに応えるべく保育者たちは、子どもの周囲に広がる環境を工夫し、おもしろさ広がる**〈探索・探究する生活〉**へと子どもたちを誘っていくのです。

またそれと同時に、頭の中に虚構世界を創りだし、ことばの世界を発達させる１歳児は、絵本やうたをはじめとする文化の世界に「おもしろさ」と「喜び」を見出すようになっていきます。絵本・紙芝居、うた・手あそびといった「文化財」を共有し、仲間と気分を共有する**〈文化に開かれた生活〉**は、**〈「みんなとイッショに」が楽しい１歳児〉**の姿を育てる活動として、１歳児の保育実践の中で大きな意味をもつことになるのです。

こうした視点から、この本の中では１歳児の中で広がる**〈探索・探究する生活〉**と**〈文化に開かれた生活〉**とを、１歳児クラスの保育実践を支える中心的な活動として位置づけています。

もちろん、食事・睡眠・排泄といった生理機能の成熟・発達過程にある１歳児の保育において、第１層に位置づけた**〈基本的・日常的生活活動〉**が特別な意味を持っていることは言うまでもありません。この時期に「心地よい身体性」を獲得することは、１歳児の生活・活動の基礎を構成する人間的能力として、重要な意味を持つことになるのです。

しかしながらそれと同時に、**〈探索・探究する生活〉**と**〈文化に開かれた生活〉**の中で形成された１歳児の人間的能力が、多様なかたちで拡大する生活場面におけるトラブルを解決する力となっていく点も無視することはできません。つまり、１歳児クラスで経験する多様な活動を通して育ってくる**〈立ち直る自我〉**が、じつは１歳児の**〈基本的・日常的生活活動〉**を豊かに創りだす原動力になっているのです。

またそれと同時に、**〈探索・探究する生活〉**と**〈文化に開かれた生活〉**とがつながる過程で生成する１歳児の**〈創造的で協同的な活動〉**も、１歳児保育を考えるうえで忘れるわけにはいかない大切な活動です。もちろん、１歳児の保育実践において**〈創造的で協同的な活動〉**が本格的に展開されていくわけではありません。しかしながら、この時期に誕生・拡大する**〈虚構と想像の世界〉**をつなげながら、**〈「みんなとイッショに」が楽しい１歳児〉**の生活を広げていくことには大きな意味があります。

第Ⅱ部に登場してくる「お弁当バスごっこ」の実践や「おばけちゃんと楽しむ運動会」の実践は、まさに１歳児クラスの子どもたちの間に広がる**〈虚構と想像の物語〉**をつなげながら、１歳児の**〈協同する生活〉**を豊かに創りだす実践です。

以上のように、第Ⅱ部においては１歳児保育を構成する４種類の生活・活動の展開過程を具体的実践事例とともに紹介していますが、それと同時に、こうした活動を通して一人ひとりの子どもたちが、**〈友だちのなかでぶつかり、つながり、立ち直る〉**自分を成長させていく姿がていねいに描き出されています。１歳児の仲間関係を豊かに育てる課題と、それぞれの子どもの自分づくりの課題とを車の両輪のように大切に位置づけながら保育を展開していくことが、１歳児保育においてはとりわけ重要な課題となってくるのです。

３）実践記録を基礎に対話で拓く１歳児保育

これに対して第Ⅲ部では、子どもとの対話、保育者同士の対話、親との対話をくり返す過程で保育計画が立ち上がり、実践する過程で保育計画が動き出していく１歳児の保育実践創造のプロセスを、保育者の試行錯誤の過程とともにリアルに描き出しています。**「子どもとつくる」**保育実践の実際を描き出した第Ⅲ部は、本シリーズの特徴をもっともよく表現した内容になっています。

とくにこの巻では、子どもの姿を議論する過程で保育計画が立ち上がり、子どもたちと対話する過程で保育計画が動き出していく、１歳児クラスの計画と実践のダイナミズムを、園内で展開されたさまざまな議論とともに紹介しています。もちろんその場合、鍵を握っているのは保育者の書く「記録」です。「記録」をもとに子どもの内面を読み取り、無意識のうちに展開される保育者の実践をふり返り、これまで自明のことと考えてきた園文化を省察する営みを通して、子どもの発達を保障する環境を再構成し、子どもと保育者の関係を再構築していく取り組みの中に、まさに「対話する１歳児保育」の本質が存在していると言えるでしょう。

なお、本シリーズは神田英雄・加藤繁美の監修のもと、執筆を担当した研究者が、協力してくださった多くの実践者・研究者とともに、実践の場から学びながら、研究と議論を重ねる過程で生み出されてきました。シリーズ完成を前にして、監修者の一人である神田英雄氏が病に倒れ、還らぬ人となってしまう悲しい現実に遭遇することになりましたが、保育にかけた神田さんの熱い思いを、各巻の内容に投影することができたと思います。
本シリーズが豊かに読まれ、実践創造の糧となることを期待します。　（加藤繁美）

第Ⅰ部

1・2歳児の発達と保育の課題

第Ⅰ部では、1歳児クラスの子どもたちにひらかれる「喜びと希望の世界」という視点から、1～2歳の子どもの発達の特徴と、1歳児クラスの保育で大切にしたいことを述べていきます。

1歳児の特徴をみていく際に大切なのは次のような視点です。

1つめは、「○歳ごろ、□□する／できるようになる」ということを、生理的な基盤やからだがどう変化してきて、どのような環境と出会うとどんなことをしたくなるのか、楽しくなるのか、という観点からみることです。そのようにみて、1歳児の「どうしてそんなことするの？」という行動（不思議なことも困ることも）の意味を考えてみましょう。いつ、何が「できる、できない」という見方から一歩深めて、その時どきの「発達の願い」をくんだかかわりを考えていきたいと思います。

2つめは、身体・運動面、あそび、コミュニケーション面で劇的に変化していく1歳児期ということで、とくに、発達の「つながり」を意識することです。たとえば、ことばが出にくい、偏食がきついなど、「気になる」姿が見られる場合、“手指の使い方は？”“どんなふうに遊んでる？”というように、他の面もていねいに見ながら、発達の（ヨコの）「つながり」に留意して働きかけていくことで、結果として、人への関心が高まったり、ことばが増えてきたりします。保育者との関係が深まり、友だち関係が広がるにつれて、食べられるものが増えてくるのも不思議な事実です。

こうした発達の「ヨコのつながり」が見えてくると、以前からどんなふうに変わってきて「今」の姿になっているのか、これからどう変化していくのかという、発達の「タテのつながり」（質的な変化）も理解しやすくなります。

それでは、人とのつながりを広げ、深めながら、発達のタテ糸とヨコ糸を織りなしていく1歳児の姿を追ってみましょう。

第1章
「一（いち）」を描き「イッショ」でつながる 1歳児

いちいちまめな「いいモノ」探し

のぞいてみると……いいモノありそう!?

「ワンワ！ ワンワ！」。ぱたっと立ち止まって指をさし、こちらに向かってやってくるお散歩中の犬をじーっと見つめるコウくん。つないでいた手をふりほどいてトットコト……と近寄って行ったかと思うとまた立ち止まって、こちらを振り返りました。「おっきいワンワンやなあ」。そう返してもらうと、ニコッとほほえんで戻ってきました。

しばらく行って公園に入ると、今度は「ポッポ！」と指さして、トタトタトタ……とかけ寄っていきます。驚いて飛び立ったハトをじーっと見上げていたかと思うと、まだのんびりと地面をつついているハトに気づいて“マテマテ～”と言わんばかりにかけ出していきました。ハトが大きな木の裏側にかくれると反対側に先回りして待ちます。「バアッ！」。そのハトたちも飛び立っていくと、今度は何を見つけたのか、すっとその場にしゃがみ込んで地面での「いいモノ」探しがはじまりました。

●目標を見つけたら一直線!

初誕生日を迎えてからしばらくの子どもたちを見ていると、「いいモノ」を目標にとらえて、前方に直進する、上に伸び上がる、その場にしゃがみ込む、すっと指をさす、そのモノに向かって声を出すなど、あたかも「一（いち）」を描くような姿がたくさん見られます[1]。

●手足の動きも直線的

モノを扱う手の動きを見てみましょう。車のついたおもちゃを押したり引いたりして往復させたり、ボールを片手で持ち上げるとポーンと放り投げます。戸があれば開けたり閉めたり、ふたも開けたり閉めたり、鉛筆を持つと手を左右に往復させてジージーします。砂場では、砂をつかみとるとぱっと手をひらき、そこから下方向にすーっと落ちる砂をじっと見ます。

他の子が持っているものにさっと手を伸ばしたり、逆に自分の持っているものを相手に差し出したりします。ヘアブラシは頭へ、歯ブラシは口へ、パンツの穴には足をえいっとつっこみます。もう一つの足も同じ穴へ……ということになりがちですが、おとなのしていることを見て“ジブンモ”とばかりに、モノをからだのそれぞれの部分に直線的に対応させようと試みているでしょう。

●それぞれの描く「一（いち）」がつながって……

1歳児は、あたりを見回していいモノを見つける目（＝目標をとらえる)、おとなや年上の子どもがしていることをじっと見つめる目をもち、見たものをイメージとして保存する力、自分のからだのバランスと調整をとる力、木片や箱を積むなど、外にあるモノの**バランスと調整をとる力**を充実させていきます。そこに広がるのは、「期待」をもって「目標」をとらえ、他者の行動を積極的に「まねる」ことでイメージをふくらませ、「つもり」をもって「モノをおもちゃに」していく楽しさにあふれる世界です。そこでの発見や達成感を他者に伝えたい、それぞれの描く「一」がつながって“イッショにもっとやってみたい”という思いに満ちあふれてきます。そうした期待と好奇心、探求心に応え、その気持ちにていねいに寄り添っていくことが1歳児保育のポイントといえるでしょう。

●頭を寄せあいはずむおしゃべり

指さしや身ぶりに加えて、ことばで表現できることも増えはじめる時期、自然物を媒介にする関係であればとりわけ「話」もはずみます。

episode　1歳児の“ダンゴ虫談義”

散歩先で……

ダイスケ「あっ‼ あった……」

ソウタ「あっ‼ だんごむちーい」

トシキ「なに‼」「うわぁーはだかんぼうや」「あっ？ また、いた」「これ、おとうたんやな」

ユカリ「お〜い、まーむちたん！」（巣に向かって呼ぶ）

ソウタ「あかちゃんもいたで……」

トシキ「おか〜たんもいるで……」

ユカリ「あかちゃ〜ん、おいで〜」

保育者「おうちどこにあるんかな？」と探すと……

ソウタ「おうちどこかな？」

ユカリ「おうちどこかな？ あっ、あった？ みて」（と指さす。小さな穴が見えた）

トシキ「お２階もあるな……」

４人でマル虫を見つけて話がつながっています。いつもは友だちから離れがちなトシキくんだけれど、この時に仲間意識のめばえを感じました。それ以来、マル虫集めに必死の子どもたちでした。

（M保育園の場面記録より）

ナニナニナニー？ いるいる！ なんかいるー！

１人で見たりつついたりしているだけのときにはこんなに夢中にはならなかったであろうマル虫（ダンゴ虫）集め。丸くなってしまうと「おーきーてー！」。一人が言うと次々に「おーきーてー」「おーきーて！」――じーっと見つめる子どもたち。少し動き出すと「あ、おちた！（起きた）」――子どもたちの目が輝きます。全部のびるまで待っているかと思いきや……「こっちおいで」とツンツンツン――またまた丸くなってしまうマル虫。するとまた「おーきーて！」――。

●クローバーの葉のように友だち関係が広がって

こんなふうに自然物を媒介にして、のーんびりまったりと驚き・不思議を共有している時間には、「かみつき」などは見られないでしょう。生後10ヵ月を過ぎるころから赤ちゃんは、大好きなおとなに「何か」（モノや人）を指さして伝えようとする、相手に向かってボールを転がそうとするなど、「モノや人を間に入れて」（第三者を共有して）交流することができはじめます。おとなとの１対１の関係ではなく、その間に友だちがいると、先生に見せて――友だちにも見せる、友だちがやるのを見て――自分もやってみる、のように、**「第三者を共有する」力を発揮して関係を豊かにしていく保育**は「動くクローバー保育」とも呼ばれてきました[2]。

episode **「ピカピカ」の響き合い**

お弁当の日、だいごくんがお弁当に入っていたおかずのカップの２つのうち１つが空になったのを指さして「ピカピカ！」と何度もアピール。保育者が「ほんまやなあー、ピカピカやなー」と応えていると、隣のしゅんたろうくんも自分のおかずカップを「ピカピカ」と見せに来ます。おかずカップだけでなく空のお弁当箱も指さして「ピカピカ」と何度も何度も、だいごくんに負けずに大声で言います。しゅんたろうくんは自分の口も開けて“食べたよ”って感じで保育者に見せようとしていました。それを見ていたまさひろくんは大急ぎで自分のおかずカップの卵焼きを外に出して、空のカップを示して「ピカピカ！」とこれまた大声で見せようとします。３人ともすごく得意げでうれしそう。保育者も「ピカピカやなあー」「こっちのピカピカにしようか」と残りのおかずやご飯をすすめると、パクパクと勢いよく食べていました。 （一乗寺保育園の場面記録より）

この場面は、１歳児クラスも終盤の２月なかばに、月齢が低い（11月生まれ～３月生まれ）子どもたちの間で見られた記録です。友だち関係が深まってきて「四つ葉のクローバー」になっていますね。

〈からだ〉－〈教育・文化〉－〈自我の発達〉のつながり

●生活文化への関心が高まる

朝のあわただしい食卓に入ってきてイスに上がろうとし、大急ぎで食べているお父さんやきょうだいと同じように食べたいという１歳児。おにいちゃんがリュックを背負って玄関へ行くと、自分のカバンを持っていこうとし、お母さんがアイロンを出すと、アイロン台を引きずってきます。それらは、家族に気持ちを向けることから、家族の行動に気持ちを向けていくことを示しています。おとなと同じように立ち歩くことができはじめ、生活の道具や様式（文化）への関心を高め、自らもやってみようとする１歳児を見ると、本当に家族の一員になったのだという思いがします。「みんなとイッショにジブンデする」という大切な発達の力のめばえでもあります。

●袋が役立つようになる両手

さて、秋晴れのさわやかな朝、１歳児クラスでは、（保育者）「どんぐり拾いに行こう！」――（子どもたち）「ドングリ、ヒロウ！」と、わらわらお散歩に出かけました。

episode イッパイと「ありがとう」がうれしくてワケワケへ

♪ドングリコロコロ……と楽しく歌いながら近くの公園へ。着くと子どもたちはしゃがみ込んで黙々と拾いはじめました。たくさん拾って両手に握りしめていたので、小さい袋がひとりずつに配られました。

すると……１歳10か月のタケちゃんの場合――。袋はじゃまになりました。もらった袋はポイっと放り投げ、右手にどんぐりを握りしめて、左手では、ナニカナイカナァ……と、草を分けていいモノ探し！ その瞳は真剣そのもの。でも、帰るころには両の手からどんぐりは消えてなくなっていました。拾ったことで満足したのかな？

一方、２歳３ヵ月になった子どもたちの様子は違っていました。片手に袋をしっかり持ち、もう一方の手でせっせせっせとどんぐりを拾っては入れます。どんどん、どんぐり……袋がいっぱいになると、「ドングリ、イッパイ！」とうれしそうに見せてくれます。「いっぱい拾ったね」と声をかけると、袋からどんぐりを一つ取り出して「ハイ！」と先生に渡してくれました。「ありがとう（^-^）。あれ、マーくんのはあるかな？」――「マークンノ、ナイネ。イッコ、アゲル」。

（筆者の観察記録より）

かぱっ。デキター！ もうひとつ……

●からだの変化＋教育的なかかわり→自我・交流が豊かに

なんということはないほほえましい光景なのですが、「発達のつながり」と「教育的なかかわり」の関係を考えるうえで示唆に富むエピソードです[3]。

１歳10ヵ月のタケちゃんと２歳３ヵ月の子どもたちの様子をくらべてみると、「袋」が役に立ちはじめるのにはいくつかの発達的な条件があることがわかります。ぴょん跳びができるようになる２歳なかばごろには、利き手でないほうの手に役割が備わってきます。ご飯を食べる時にお椀やお皿にちょっと添えるというように、利き手の主目的を「補う手」になっていくのです。このころ、ホウキにチリトリ、というような**対の組み合わせ**がわかってお手伝い（らしいこと）をしたがるようにもなります。

つまり、どんぐりを拾う手と袋を持つ手とが補い合って「集める」ことができるようになり、モット、モット……とジブンノ袋に気持ちもいっぱい込めていくようになったのです。**自我の拡大期**の特徴です。そして、「○チャンノ、イッパイ！」と満たされて人にも見せ、「イッコ、アゲル！」と友だちにワケワケする姿も見られたのでした。

子どもの身体機能の発達と、それにふさわしく保育者が与えた文化的な道具（ここでは「袋」）、と自然の素材、さらに、子どもたちの気持ちを受け止め他の子にも目を向けさせることばかけが組み合わさって、子ども同士の「関係」がつくりだされ、うれしいことを何倍にもする「交流」が生みだされたと考えることができます。

episode **からだと声と身ぶりの響き合い**

どんな絵本をどのようにして読むかで、子どもたちの見方もまったく違います。１人がおもしろくて足をバタバタさせるとみんなそろってバタバタ、そして「キャーキャー」笑い合い、隣同士、またうしろにも振り返り響き合っています。

『ねないこだれだ』（せなけいこ作・絵、福音館書店）や『きれいなはこ』（同前）を声のトーンを落として読むと、「きゃーっ、こわい」と両手を口にあてるユカリちゃん、ダイスケくん、ソウタくん。すると続いてカンタくん、リサちゃんもまねっこ。それ以来必ず「こわいの読んで……」と言いにくるソウタくん。保育者「じゃぁ、こわいの読むよ……」とイスに座ると固まって、「はじまるぞー」と言わんばかりにからだを寄せ合っていました。「おばけちゃん」が飛んでいくと「ばいばーい、またね……」と見送っている子どもたち。よくしゃべるソウタくんを筆頭に「ばい、ばーい」と遠くの方を見ながら手を振り見送るふりをしています。

（M保育園の場面記録より）

●分化していく感情にからだ・ことばで寄り添って

ジブンデすることの手応えを感じて、モット、モット……と遊び込むようになる１歳後半には、それにともなう感情表現が豊かになり、満足した気持ちを土台に**おどけたり、ふざけたり**します。絵本を読んでもらっているときに、一人が足をバタバタさせるとみんなそろってバタバタ……そして「キャーキャー」笑い合う。からだと声が共鳴しています。大きくなってくると「ふざけないの！」と注意されてしまいますが、「まねをしあって戯れる」という意味で、「ふざける」ことは１歳児の大事なあそびの力でもあります。

このように、１歳児は「他者が笑う」のを期待するようなことをしたり、つもりや期待と異なる結果に「え？」と驚いたりするなど、笑いが豊かになり、驚きの感情がめばえるとともに、恐れ、怒り、嫉妬、不安、不満、悲しみなど、**ネガティブな感情も分化**してきます。このようなネガティブな感情の分化によって、「ちょっとしたこと（おとなからみると）で大泣きする」ような姿も見られるようになります。

そんなとき、「コワイねえ」「○ちゃん怒ってるよ」「悲しいなあ」などとことばにして共感してもらうと少し感情を整えることができます。からだを寄せ合って“コワイ”けどおもしろい、悲しいけどわかってもらえた、といった経験をもとに「**立ち直る自我**」が育っていくのだと考えられます。

オミズ、コワイ〜〜（涙）アッチイク——！

1　田中昌人・田中杉恵・有田知行（写真）『子どもの発達と診断２　乳児期後半』大月書店、1982年、p.103

2　同上書、p.203。乳児期前半から後半へ移行するときに必要な保育の基本的関係である「クローバー保育」と対比させて、乳児期後半から幼児期へかけての期間における保育の基本的関係は「動くクローバー保育」として、「第３者を共有しつつ役割を交代して気持ちをむすびあっていく」ことが必要であると述べられています。

3　服部敬子「環境とのかかわりの育ち」岸井勇雄編『新保育内容総論―幼児期に何が必要か』保育出版社、2001年、pp.94-109

第2章

1歳前半の子どもたちにひらかれてくる新しい世界

ウロウロやかんしゃくに秘められた発達のサイン

目標めざして一直線！——と歩き出したとたん、ちょっとしたでこぼこでつまずいてドテッ、振り返ろうとするとバランスを崩してドスン。気持ちは急いでもからだのコントロールをしきれず何度も何度も転んだり尻もちをついたりしながら、それでも“あっち”の世界に魅力を感じて何度も何度も立ち上がり、目標に向かっていくのが１歳前半の子どもたちの姿です。

「目標」と言っても、おとなが行こうとしている「目標」地など知ったことではなく、道草が大好きで、水たまり、マンホールの上、工事のために盛り上げてある土の上、道路脇で一段高くなっているところ、道路のはしに残っている雪の上、視覚障がい者用の黄色いぼこぼこ道など、かたいところ、やわらかいところ、湿り気のあるところ、段になっているところ、さまざまな場所、さまざまな手応え、足応えを感じながら、気持ちもいっしょに歩いています。

●「乳児」から「幼児」へ

母子保健法においては、「１歳に満たない者」を「乳児」としていますが、小児神経学や発達心理学では、１歳を境に「乳児期」と「幼児期」とを分ける見方のほかに、「18ヵ月」、すなわち１歳半の前後で大きく区分する見方が多くあります。

「乳児」期の活動スタイルを保ちつつ、「幼児」期に主流となる新しい活動スタイルに挑戦しはじめる１歳前半の子どもたち。タッタッ、キャッキャッと走り回り、遊び込み、笑い声を響かせながら、じつは、さまざまな場面で悩んだり努力したりもしているようです。

モノを「使って」遊びたい……けど、まだデキナイ

生後半年を過ぎると、つかんだモノを口に入れたり打ちつけたりするあそびがはじまります。９ヵ月ごろからは、音の出るものを棒でたたいたり、引いたり押したりしたら音が鳴る、何かが出るといったしかけのある（目や耳で因果関係が確かめられる）おもちゃが好きになり、間にハイハイでの移動を入れながら、おもちゃをひたすら「探索」するようになります。

●おとなの使っているモノをジブンモ使ってみたい

10ヵ月なかばをすぎるころからは、そうした「感覚的・機能的なあそび」だけではなく、おとなの使っているモノを見ると“いいなあ～、おもしろそう～”と思ってまねをしはじめます。生活の「モノを使って遊ぶ」という「**道具的なあそび**」が好きになってくるのです。

手作りアルミ箔ぴかぴか「シンク」で食器洗い

ところが……道具的なあそびが好きになりはじめてから「道具を使い込める手」、すなわち手首を内転させる（からだの中心のほうに向かって動かす）コントロールを獲得するまでには半年くらいかかるのです。ということは、その半年間（１歳前半期）、子どもたちは、“感覚的・機能的なあそびだけじゃあ物足りないなあ～”“お父さんやお母さんみたいな道具を使って遊びたいなあ～”と思いつつ、“でも、うまくデキナイ”という状況におかれることになります。

●おとなのかかわり方も変化が求められる

ここでしっかりとおとなが向き合って、「こうやるんだよ」「こうやって持つと……」などとやり方を見せて、「そうそう、できてる！」「いっぱいすくえたね」などと、道具を使う楽しい遊び方を教えてあげると、デキナイながらも“やってみよう”と意欲をもち、くり返しのなかで少しずつできていくと達成感を味わうことができます。

一方で、そんなふうに向き合ってもらう機会がないと、モノをポイポイ投げる、歩き回ってウロウロキョロキョロ……。自分がデキルことを確か

めたり、いいモノを探したりして楽しむ姿はもちろん大事なのですが、“もっと楽しいことしたいなあ～（でも、言えない……）”と思いながらやっていることもあるかもしれません。ポイポイ投げている子に、入れると音がする缶などの入れ物を出して「ここにナイナイしよっか」と言ってみると、さっと目標をかえてその缶にエイッ、エイッと投げ入れはじめるようなことも多くあります。缶を、「入れ物＝道具」として使うことで**新しい手応えのあるあそび**になるようです**（→第Ⅲ部185ページ）**。

1歳児の「つもり」とムダに見える抵抗

episode **もったいないー!?**

Ｙがキャラメルコーンを袋ごとつかんだので、母が取り上げて袋の中から１つだけ取って差し出すと「ニャイ　ニャイ」と言って大声で泣く。そりくり返って泣きわめき続けるので、再び袋ごと渡すと、その袋をつかんで「ニャイ　ニャイ」と言って首を振り、泣きながら玄関の土間へ行き、力いっぱい投げつけて放ってしまい、さらに泣きわめく。

（山田1982 [1] による観察記録より）

せっかく袋ごともらえたというのに、もったいない！ 何が不満なの？ という感じですが、この場面の記録者である山田洋子さんは、「本当は食べたくてたまらなかったのに、袋ごと欲しいという最初の『つもり』が入れられなかったので全部捨ててしまった」と書き添えています[1]。

episode **そうゆうモンダイじゃない!（怒）（1歳4ヵ月）**

アレルギー対応の薬を飲ませ続けていると、２ヵ月ほど前からは、薬用の器とスプーンを見るだけで自分から「オッチントン」と言ってその場に座って待つようになった。たいてい入浴前や寝る前だったのだが、先日もらった中耳炎の薬の1つは「食直前」に飲ませなければならない。

今朝、ユキをイスに座らせて朝食の用意をしているときにそのことを思い出し、「あ、お薬先に飲もうなー」と言いながらいつもの器に入れて飲ませようとすると……イスからずり落ちそうになるほどのけぞって怒り、嫌がる。「あまいよ～」と言っても聞く耳もたず。しかたなく、ひととおり朝食を終えた後に出してみると……まったく嫌がることなくすんなり飲んだ。

（筆者の育児記録より）

●「かんしゃく」は「つもり」がしっかり育っている証

最初に嫌がったのは、「薬そのもの」ではなく、“ジブンデしたい！”というわけでもなく、“ご飯を先に食べるんだ！”あるいは“薬はあとで！”という「見通し（つもり）をはずされた」からだったと考えられます。

「つもり」というのは、「自分なりの目標とそこへいたる手順を自らの内面で定める」ような心の働きですが[2]、まわりのおとなはその「目標」を誤解したり、効率的な「手順」をすすめたりしてしまいがちです。“オトナはわかってくれない！”と、のけぞったり泣いたり叫んだりして訴えている姿が私たちの目には「かんしゃく」「反抗」と映っているのです。手を焼くのは確かですが、意味がなさそうな目標や、まったく効率的ではない手順を思い描けるというのは、飢餓や攻撃といった生命の危険にさらされていない「ヒト」だけに可能な、**自我誕生のための大事な回り道**だと思います。このような「ムダに見える」抵抗に秘められている1歳前半児の「つもり」を思いやり、「**自我の主人公に一番手を**」渡してみてはどうでしょうか。

イヤだぁ〜〜〜〜！……何がそんなに？

他者には「意図」がある!? の気づき

もうひとつ、1歳前半の一時期にだけ見られる興味深い現象を紹介しましょう。

episode **「んんん、か?」**

Rと私が風呂に入っているときのこと。一緒に湯船につかっていると、Rは洗い場の方を指して「アッ！」と発声する。私が「あがりたいの？」と聞くとうなずく。少しからかって「じゃあ、もっと入ってようか？」と言ってもうなずくし、続けて「マンマか？」とたずねても、口をパクッとさせながら首を縦にふる。どうも言葉の意味は関係ないようで、「んんん、か？」と無意味なことを尻上がりの疑問風のイントネーションで聞いても、Rはしっかりとうなずいていた。

（木下2008 [3]より）

子どもをおもしろがってみるといろんなことがわかるものですね。「聞くたびにうなずく」子どもたちの姿に気づいておられる方は多いのではないでしょうか。聞かずに何かさせようとするとかんしゃくを起こすくせに、聞いてみるとどっちにもうなずくなんて！ こちらの気持ちに余裕がないと、「で、どっちなの⁉」と迫りたくもなります。次章でくわしく述べる「1歳半の節」(「見くらべて選びとる」ことができるようになる）のことが頭にあると、「まだ選べない」「わかっていない」というように見てしまいます。

けれども、他者から「質問調」で話しかけられると、その内容にかかわらずうなずいてしまう、という1歳前半の子どもたちは、「相手が何かを問おうとしているという意図や態度それ自体は、感知している」という意味ではすごいのです。ただ、まだ「その意図の内容をすべては特定しきれない」状況にあるので、“何か聞かれてるのはわかるけど……”“とりあえず、うなずいておこう”という感じで**相手に添う努力をしている**のだと考えられます。

1歳前半というのは、あそびが続かなかったり、「かんしゃく」を起こしたりする姿が見られやすい時期です。発達がゆっくりであったりアンバランスさがあったりする子どもの場合はとくに、ここであげたような“努力”の期間が長くなり、“苦労”になりがちです。保護者のほうもイライラしんどい時期が続くことになります。

「這えば立て、立てば歩めの親心」と言われますが、**歩みはじめや道具を使いはじめる時期ってちょっとややこしくなる**んだな、と思ってつきあってみましょう。それまでの生活のなかで獲得し、慣れ親しんできたやり方がどのようなものか、子どもたちのなかにどのような願いが生まれてきているのかを考えて、「次」の発達を主導していく新しいやり方への挑戦を支えていく「指導」の方法について考えたいと思います。

1 山田洋子「0～2歳における要求―拒否と自己の発達」『教育心理学研究』第30巻、pp.38-48

2 木下孝司「子どもが<心>の存在に気づくとき」『発達』第66巻、ミネルヴァ書房、1996年、p.30

3 木下孝司『乳幼児期における自己と「心の理解」の発達』ナカニシヤ出版、2008年、p.56

第3章

「1歳なかばごろの発達の節」とは？

「立ち直る自我」の誕生

「折り返す」活動スタイルの獲得へ

う―――――んしょっ……上が見たい！

「目標」をとらえると一直線！ の1歳すぎの子どもたちは、イスに座るとき、ふとんに入るとき、ハイハイで段差からおりるときなど、頭からつっこんでいく姿が見られます。つっこんでから“あれれ……”と気づいたように方向を変えようとします。すべり台などは、すべる方からのぼろうとして、ずずず……とずり落ちたり、階段からのぼらせると、そのまま頭からすべりはじめたりします。

●「間」で関係を結びはじめる

それが半年くらいして、歩くときに手をうしろに組んだり、あちこち見ながら余裕をもって歩いたりするようになると、あらかじめからだの向きを変えて、座ったりおりたりするようになります。階段の方へまわってのぼり、上までいくとからだの向きを変え、足を先に出してトントン踏みならしたり、下にいる人に声をかけたりしてすべりおりるようになります。のぼって－（間）－おりる、という「間」ができてきて、そこでモノや人と関係を結ぼうとします。すべりおりたら振り返って上を見上げ、まわりを見て、また挑戦しようとするでしょう。

●スプーンも「折り返し」て使えるようになると……

こうした「折り返し」、方向転換をする活動スタイルは手の操作にもあらわれてきます。

スプーンに興味を持ちはじめてからしばらくは、食べものをつつきにいったり、水平方向に動かしたりするもののうまくすくうことができません。手首を内転させるという「折り返し」がまだむずかしいのです。けれども、手づかみでうどんなどを口に押し込んでいるとき、「こぼれそう～」とおとなが箸でつまんで口に入れると、食べさせてもらったうどんは口の中からつかみ出して、見て、もう一度自分で口へ入れる、というようなことが見られます。受け身はイヤ！ とでもいうような、出して－自分で確かめて－口に入れるという行動には、「折り返し」スタイルのめばえが見られます。

1歳なかばをすぎると、スプーンという道具を使って、すくって－折り返して－口に入れるという流れができてきて、いっそう「**ジブンデ食べている**」という手応えを感じるようになっていくのです。

ジブンデ！ ジブンノ！ の実感と「自我」の誕生

1歳後半になった子どもは本当によく動き、よく遊びます。手や指に力を込め、素材や道具を使ってくり返し遊び込み、発展させます。その多彩さを見ると、気まぐれに動き回るのではなく、「折り返す」コントロール力を駆使して、「余裕のあるうちこみ」をしているのがわかります[1]。

●イッパイになっているのはジブン!

たとえば、じょうろに水を受けて運んでいる様子を見てみましょう。水を汲んで－かける、運んで－戻る、石を裏返して水をかけ直すなど、折り返し行動の調整を入れながら少しずつ発展していく様子がうかがえます。「折り返す」コントロールを獲得していくことで、スコップや器を使い、比較的自由に、自分なりのやり方で展開できるので、水あそびや砂あそびが大好きになります。すくっては入れ、すくっては入れ、たくさんこぼれると反対の手で戻そうとし、いっぱいになると別の器に移しかえ……ほかでもないジブンガ入れているんだ、イッパイになっているのはジブンノなんだという“**実感を集めている**”ようにも見えます。

●意味づけてもらうと“おもしろそう”

そこで「いっぱい入れたね〜。何ができたかな〜？」「おいしいマンマまぜまぜしようか」などと意味づけてもらうと、その「つもり」になってまぜたり、「ドーゾ」と差し出してくれたりするでしょう。そういうあそびが展開されているのを“おもしろそう”とかぎつけてわらわら寄ってきて、**“ジブンモやってみよう”**とするのが１歳児に特徴的な、自我が誕生した子どもたちの姿です。

見くらべて選ぶ、見くらべてやり直す力の獲得

――「〜デハナクテ〜ダ」

「さあ、お絵かきをしよう！」とマジックを出してみました。さっと手を伸ばして握り持ちした１歳６ヵ月のノゾミちゃん、紙にジージー……と書いたつもりが何も書けません。あれ⁉という表情でマジックの先を見つめ、くりっと手首を返して反対側を見て、もう一度手首を返して最初に紙につけた方を見て……持ち方を変えて、もう一度「ジージー……」と言いながら書きはじめました。おみごと！

左隣のお友だちも大胆に描いてます

今度はいろんな形をした積み木を、いろんな形の穴のあいた立方体の箱に入れていくあそびです。“コレハデキル”と思っているのか、円柱形の積み木を探して持つと、真ん中の丸い穴に……ギコギコ……ポトッ。うまく入れられて会心の笑みのノゾミちゃん。“ハイ、ツギ！”と言わんばかりに勢いよく、次は三角柱の積み木を手にとると、さっき入れた丸い穴へ……。ギコギコギコ……いったん反対の手に持って持ち直すと再びギコギコ……やはり入りません。すると、今度は左上の方の穴に入れようとしはじめましたが、残念ながらそこは四角い穴。手首をぐりぐりと回すようにしてねじ込もうとしましたが、やはり入りません。そこで、そばで見てくれていた先生に「アイ！」と差し出しました。

●「こっち」がだめなら「もうひとつ」をやってみる

手首を内転させて「折り返す」ような調整をしはじめるころ、**“こっちデハナクテ……こっちダ！”**とでもいうような念入りな見くらべをし、「もうひ

とつ」のほうを選んだりやり直したりするような姿が見られるようになります。

道具やおもちゃを持って2つのものを見くらべる目の動きを追って見てみると、何度も見返っていることがわかります。1歳前半の子どもの場合も、2つのものを見て1つを選びとることはありますが、「○○をするためには、AとBのどちらがふさわしいのか」というように、目的に応じた手段を考えて見くらべることはまだむずかしいのです。1歳後半になると、たとえば、自分より小さい子との出会いには、花などのモノを差し出して自分の気持ちをあらわし、大きい子との出会いでは、自分もやってみようとして同じ道具を探す、というような行動も見られるでしょう。

●ジブンの選択を尊重してほしい

このように、やりたいことにふさわしい「もうひとつ」の世界を探し、「見くらべて選ぶ」「見くらべてやり直す」力を獲得しはじめた子どもたちには、そのような力が発揮できるような働きかけや、選んだ結果を尊重することが求められると思います。

episode そのテにはのらない(1歳7ヵ月)

だだっ広い所やまっすぐな道は途中でイヤになって座り込む。バギーに乗せてさっさと帰りたい母、「あるく? それとも、バギーに乗る?」と選択肢を出してみたら……じっと考えて、どちらにも首を横に振られてしまった。何かもっといい選択肢は????? とあせって考えているうちに、「オカアチャン、オッコ(抱っこ)」。

(筆者の育児記録より)

荷物も多いし、長女は重量級だったので、抱っこだけは避けたかったのですが……。ただ単に「2つ選択肢を出せばいい」というわけではないということがよくわかりました。「カバン持って歩く? それとも手つないでいく?」と聞けばよかったかもしれません。『魅力的な選択肢アイデア集』というのがあったらぜひ買いたいと思ったものです。

episode 暑くたって……ジブンデ決めたい

「ジブンデ」とパンツをはきはじめたものの、片方の穴に両足入れて「かたい」と言うアオイちゃん。

保育者「アオイちゃん、えらいなー、もっかい自分でしよっか……」と言ってパンツを前に置くと１人ではけました。服も濡れて着替えることになり、暑い日だったので担任は「半袖を」と思いましたが、アオイちゃんはわざわざ長袖を出してきます。「アオイちゃん、暑くないか?」と言うと「コレガイイ」。暑いだろうけど……まあいいか。

自分で選んだ長袖を着るとそれで満足の様子で、次へのあそびもスムーズに遊びだせました。「暑いから」とおとなの判断を押しつけるのではなく、「ジブンデ」の選択・決定権を渡して、選んだことを尊重したことで気持ちよく過ごせたようです。
（M保育園の場面記録より）

さすがは保育士さん！　２つのものを見せる、というだけではなく、「もっかい」というように、時間的な「もうひとつ」の世界を示して「やり直す」気持ちを引き出しています。アオイちゃんが出してきた長袖と、保育者が選んだ半袖とを並べて見せたらどういう選択をしたでしょうか？――興味深いところですが、ここでアオイちゃんの気持ちを尊重したことで「次」のあそびに気持ちよく向かえたということはとても大事な発見だと思います。

並ぶとおもしろいんだよねー！ ダンダンダン……

“モット○○したかった！”
――「自己復元力」と気持ちの切り替え

●モノを活用して遊び込む

箱を積む、箱に入れる、箱を押して歩く、ままごとをするなど、つもりをもってモノを道具にして遊ぶことを楽しむようになり、自我を誕生させた子どもたちは、「モット、モット……」「○○するんだ！」という気持ちが高まって「遊び込む」ようになってきます。

episode 「もっかい……」が自信に……

新しいことや、一度こわいと思ったことから逃げてしまうトシキくん。トシキくん、ソウタくん、サオリちゃん、ダイスケくん、リサちゃんとすべり台で遊んでいましたが、すべり台がこわいトシキくん、はじめは上でモジモジ……。

保育者「トシキくん、いっしょにいこか」

トシキ「イヤヤ……」

保育者「じゃあ、お膝の上に座る?」

トシキ「……ウン」と膝の上に座る。

そのまま、下まですべりおりて……

保育者「トシキくん、いけたな」「こわくなかった?」

トシキ「ウン」とニッコリ。

すると……１人で階段をのぼりはじめたトシキくん。今度は１人で両手で手すりを持ちすべってくる。そのときの顔はこわがる顔ではなく余裕の表情。下まですべれたあと、

保育者「トシキくん、すごいなぁ、１人で“シューッ”ってこれたん？」とすべり台の上を指さすと……

トシキ「モッカイ、ミテテ」と笑って１人で何度も行きました。

日頃「もっかい」がなく１人でウロウロ……虫を探したり違う場所でコッソリ遊ぶトシキくん。友だちと楽しそうにかかわり合う姿もあまり見られない子でしたが、このすべり台での出来事を機に「モッカイシヨ」とあそびにどんどん挑戦。そして友だちを誘いに行ったりも……これから変わりつつあるトシキくんでした。

（M保育園の場面記録より）

●ジブンデした実感が「モッカイ」につながる

「いっしょにいこか」と誘われて、最初は「イヤヤ……」と返したものの、本当はすべってみたかったのでしょう。「じゃあ、……」という保育者からの再提案を、今度は受け入れて勇気を出してすべってみることができました。トシキくんにしてみれば、“すべらせてもらった”というよりは“イッショにジブンデすべった”という気持ちだったのかもしれません。次には、１人で挑戦！ すべれて「すごいなぁ、……」と共感して見ていてくれる保育者がいたことで、「モッカイ、ミテテ」ということばがトシキくんの口からはじめて聞かれた場面でした。

まだまだ初体験がいっぱいの１歳児。誘い方や待ち方のちょっとした工夫で、ぐっと姿が変化します。トシキくんはこの出来事を機に「モッカイしよ」とあそびにどんどん挑戦しはじめ、友だちとイッショに、「モット、モット……」と遊び込む世界が広がっていったようです。

●気持ちは急に変えられない

そういう時期になると、おとな側の意向で強引に「次」の場面や活動に移ろうとすると、ひっくり返って怒ったり、泣き伏したりします。アオイちゃんの場合は次のような姿があらわれました。

episode 無言の抵抗

朝のあつまりを終えひとあそびして、さあみんなで外へ出よう！ と「園庭で遊ぼうか？」と声をかけました。すると、突然仰向けになり、寝転がって無言の抵抗をしはじめたアオイちゃん（１歳11ヵ月）。ソウタくんが「オソトイコウ」と声をかけてくれましたが、黙って上を向いたまま……。友だちがどんどん部屋から出ていっても動こうとしません。

保育者「アオイちゃん、待ってるし、自分で来れる？ アオイちゃんはお部屋で遊びたかったん？」

アオイ「………………」

そこで、保育者「そしたら、もうちょっと遊んでからお外に行こうか？」と声をかけてみると、すくっと立ち上がって歩いてきました。これまでどちらかといえばおとなしくて友だちの世話をやくのが大好き、手がかからないアオイちゃんだったのですが、“わたしの気持ちに気づいてよ……”と言わんばかりの行動で主張を出してきたことはうれしく思えました。

（M保育園の場面記録より）

今度はボクはコッチで……イッショにすべろー

こんなふうに「うれしく」受け止めてもらえるとよいのですが、「気持ちの切り替えがむずかしくて困るなあ……」とみられることも多いのではないでしょうか。

●「今」をきちんと締めくくると「次」へ向かえる

子どもといっしょに気持ちよく「次」に向かうためには、「いっぱい○○したね」「○○して楽しかったなあ」というように「今やっていたこと」をきちんと受け止める必要があります。「おしまい」という締めくくりを共有せずに、「次」の場面に向かわせようとすると、前やっていたことに気持ちが戻ってしまうようです。「……を見てみようか」「……をしてみようね」など、「次」の活動をイメージする手がかりになるようなことばかけや、「どっちにする？」と選べるような問いかけをしてもらえると、泣いていてもその気持ちを立て直し、立て直すと生きいきと新しい場面に向かうことができるでしょう。このような力は「**自己復元力**」（**立ち直る自我**）とも呼ばれます。

●みずから立ち直るのを待つ

アオイちゃんの記録場面では、「ここでもうちょっと遊ぶ」のと「お外に行く」こととが対の関係で提示され、その選択・決定権がアオイちゃんに渡されたこと、「次」に向けて子どもをひっぱるのではなく、子どもと並ぶ関係で「お外」というイメージを共有するようなことばかけであったことがアオイちゃんの気持ちを立ち直らせたのだと思います。子どもの要求をなんでも受け入れるだけであったり、なにがなんでもおとなの思い通りにさせようとして大切な自己復元力の芽をつぶしたりするのではなく、「みずから立ち直るのを**期待を持って待ち、きっかけを与える**」[2]ことが大切です。

「かみつき」が起こるのはどんなとき？

――気持ちが「かみ合う」ように

ことばが増えつつある場合でも、伝えきれない思いがあって、ことばを間に入れたかかわりができるようになるまでには「かむ」「ひっかく」といった行動が見られがちです。こうした行動は、“友だちともっと楽しくかかわれるあそびがしたい”“ことばにできない思いを受け止めてほしい”という気持ちのあらわれとみられます。

友だちとの「関係がかみ合う」ように、からだ全体を動かして遊べる遊具や大きいおもちゃ、砂、水、本、紙などの変化する素材を用意して「みたて・つもり」の仲立ちをしたり、ことばでかみ合えるおにいさんやおねえさんの大きい組との交流をはかったりするなかで、子どもの思いを代弁し、共感していくことが大事です（**関連の本**[3]**や、第Ⅱ部の各実践参照→第Ⅱ部80ページ～・コラム④89ページ～**）。

「みんなとイッショに」が何より楽しい!!

episode 困るんだけど……

給食のときのこと。こぼれたお茶をペチャペチャして机をたたいていたカンタくん。すると、アオイちゃんとナツミちゃんも同じく机をトントン。何かおもしろいことだと思ったんでしょう。顔を見合わせて響き合っています。本当はお茶で遊んだら困るんですが、３人のうれしそうな顔を見たらほんの少し待ってようと思いました。

ちょっとしてから、「お茶こぼれたし、ふこうな」「お茶はゴクゴク飲むんやな」と言うと、次に入れたお茶は飲んでいました。（M保育園の場面記録より）

●響き合う楽しさ

１歳児の「楽しい！」ことはおとなにとって困ることも多くあります。「お茶で遊んだらダメ!!」と一喝されると「うわ～ん」とひっくり返るところですが、楽しい気持ちに心を寄せて「少し待って」もらえると、「次」にはおとなの要求にも応えてくれます。こういう**ちょっとした「間」**が子どもたちの響き合いには必要なのかもしれません。

ワタシもするー！ 汚れ物はココね

●1歳児クラスの「集団づくり」

さて、ここで、子ども同士がつながって楽しめるように……と願った「集団づくり」の実践を紹介します。

９月生まれで１歳３ヵ月になってようやくつかまり立ちをはじめた梓ちゃんは、月齢差の少ないクラスの中で一人だけ他の子よりも少し離れた感じでした。他の子どもたちも“ぼくたちより小さいぞ”と思っているのか、梓ちゃんに対しては黙ってものを取り上げるなど強気です。梓ちゃんも力ではかなわないとばかりに泣くことでおとなに訴えていました。保育者を通して友だちといっしょに遊ぶ姿が見られましたが、“みんなといっしょは楽しいなあ”という思いにはなっていない様子でした。そこで保育者は、この梓ちゃんに、みんなといっしょに“あーおもしろいなぁ”と共感し合って遊ぶ経験をさせたいと思っていました。

運動会での4、5歳児の「荒馬」は子どもたちのあこがれの的です。タオルやトイレットペーパーなど長いものを持ったら、♪ラッセーラーがはじまりました。そんなある日のこと。

episode　みんなで ♪ラッセーラー

トイレットペーパーであそんでいる時、梓がピョンコピョンコととびはねているのです。この梓のあそびをみんなに広げて楽しい経験をさせたいと思いました。「あーちゃん、ラッセーラーしてるの？」との保母の声に、みんなもさっそくやってきてラッセーラーがはじまります。保母の口太鼓にあわせて、梓や優が「ソーレッ」、「ソーレッ」とUターン。はちまきをしてあげると周平や志穂もやってきて、保母もトイレットペーパーのはちまきです。ドンドコドンに合わせて首振りをしても手と首の動きがちぐはぐなかわいい姿。ドタッドタッととび上がる志穂や邦子の威勢のいい荒馬。「ヤーッ!!」とポーズも決めて得意気に満足している梓の笑顔が光ってみえました。　（荻野紀美子さんの実践記録[4]より）

●みんなの中に入るようになった梓ちゃん

タオルや風呂敷、パンツまでもが縄のかわりになり、積み木で太鼓をはじめる男の子たちも。本物の太鼓をたたいてもらってホールで踊るなどにぎやかな毎日が続きました。あこがれの気持ちから模倣をはじめ、みんなでやってみることが楽しくなった子どもたちは、家に帰ると家族の人たちともその楽しさを共有しようと、子どもたちがおとなに誘いかけている様子が連絡ノートから伝わってきたそうです。「家ではちまきをしろといい、ラッセーラーをやらされます。わからないので適当にしているとちがうと怒られました」「おばあちゃんにもしろといい、みんないっしょにやらされています」。それ以来、梓ちゃんはままごとあそびでも一人ぽつんと離れて遊ぶのではなく、みんなといっしょのところで遊ぶようにもなり、クラスのみんなの中に位置づいてきた感じがしたそうです。

●イメージをつなぐ「保育者からの意味づけ」

この実践記録からは、1歳児が年長児のやっていることへのあこがれをもち、模倣しながら自分たちのあそびにしていけること、パンツのように実物（縄）と似ていないものでも「そのつもり」で遊べること、「みんなで」イメージを共有して「毎日」遊ぶくらいに夢中になれること、心を揺さぶられた楽しいあそびは場所を変え人を変えて再現・共有しようとすることなどがわかります。

はじめの梓ちゃんの「ピョンコピョンコ」が♪ラッセーラーのつもりだったかどうかはわかりませんが、「保育者からの意味づけ」によってそれが梓ちゃん自身の「つもり」になり、まわりの子を巻き込むあそびになっていきました。梓ちゃんに「みんなといっしょに“あーおもしろいなぁ”と共感し合って遊ぶ経験をさせたい」という願いと集団づくりの視点をもって、あそびのきっかけを待っていたからこそできた働きかけといえるでしょう。

イメージを共有して遊ぶということが「子どもたち自身のものになっていく」というのはこういうことなのでしょう。そして、どの子も、ある１つの経験をきっかけに大きく変わっていき、その変化はまわりの子や保護者との関係をも変えていく[5]ということをあらためて実感することができる実践だと思います。

もも組コンサートのはじまりはじまり～！ボク見る人

1　田中昌人・田中杉恵・有田知行（写真）『子どもの発達と診断３ 幼児期Ｉ』大月書店、1984年、p.36
2　田中昌人・田中杉恵・有田知行（写真）『子どもの発達と診断２ 乳児期後半』大月書店、1982年、p.200
3　西川由紀子・射場美恵子『「かみつき」をなくすために保育をどう見直すか』かもがわ出版、2004年。他に同著者で『「かみつき」をなくすために PART 2 おとなの仲間づくりを考える』同前、2009年、など。
4　荻野紀美子「保母があそんで、子どもがあそんで」大阪保育問題研究会集団づくり部会『ボクのなかに友だちがいる』草土文化、1991年、pp.81-96
5　全国保育問題研究協議会編『人と生きる力を育てる―乳児期からの集団づくり』新読書社、2006年

第4章

2歳ごろから新しくひらかれてくる「あこがれ」の世界

刻まれていく心のひだ

あそびや生活のなかで「～デハナクテ～ダ」という見くらべと自主決定、やり直しを密度高く行い、「ジブンデ！」「○チャンノ！」という自我が誕生し、モット、モット……とジブンノ世界を広げていく1歳児クラスの子どもたち。2度目のお誕生日を迎えるころから、ジブンノ－○チャンノ、オオキイ－チイサイ、イマ－アト、デキル－デキナイなど、世の中を「**対**」の関係でとらえはじめるがゆえに「**揺れる**」姿を見せることがでてきます。

「どっちも大事」なんだもん

episode **どっちやねん!?（1歳11ヵ月）**

熱心におままごと。おなべにいろいろ入れて持ってくる。「ハイドーゾ」というので「ありがとー」と受け取ろうとすると、「サキニ　キョーチャン」と言って自分の方に引き寄せる。父親には「ハイドーゾ」と差し出しながら「イヤ！ キョーチャン」と言ってあげない。どっちやねん!?　（筆者の育児記録より）

「ジブンノ」から「相手ノ」になる瞬間に、ごっこの世界が崩れて「モット！ ジブンノ！」という拡大期の自我が顔を出す、という感じで「揺れる」ようになりました。

「オソトイク」とクツをはきかけてまた家の中に戻る、ということもしばしばで、これまた「どっちやねーん⁉」。これまで、「イク！」と言えば親が止めても行くし、「イカナイノ！」と言えば頑として行かなかったのに。それはそれで困りものだったけれど、「あっち」や「次」に魅力的なことがあるとわかると切り替えはけっこうスムーズでした。「〜デハナクテ〜ダ！」とスッキリいった時期から、「〜ト〜ト……、〜モ〜モ……」とグズグズする時期がやってきて、親はイライラ。「どっちなん⁉」と迫りがちですが、**考え、悩む力**がついてきたのだなあと理解して大事に待ってあげたいものです。

ジブンデスルよりも「してほしい」こと

●“魔の2歳児”の細やかな感情

自分のつもりを強く主張し、ことごとくおとなにぶつかる姿は“魔の２歳児、すさまじい２歳児”（terrible twos）などと言われますが、叱られたのが悲しくて泣く（制止されたことに怒って泣くだけでなく）、眠れないときに叱られないように寝たふりをする、チラッと表情をうかがい見る、楽しく遊んだ人とは離れがたく心を込めて見送るなど、**心のひだ**ができてくるように思えます。

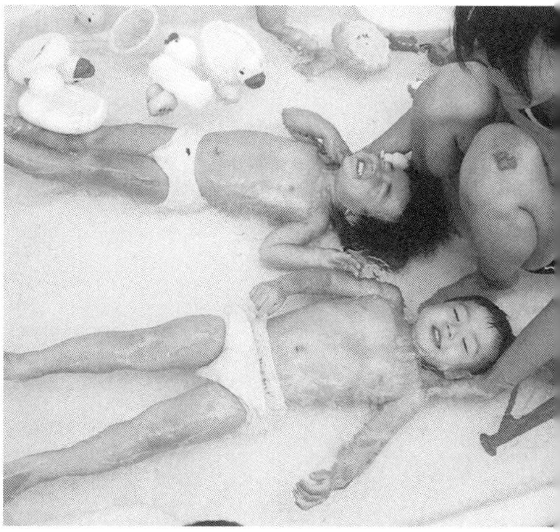

はあぁ〜〜〜〜いい気持ち〜〜〜

episode　わざと反対に……

あかりちゃん（２歳半）が着替えてふとんに横になる時、畑中先生が座っている反対の方に頭を向けて寝ようとする。保育者「どっち向きでもいいよ」と声をかける。何度か言う。あかりちゃんが「こっち！」と言うので「いいよ」とふとんを掛けて足の方をトントンしはじめると「こっち向きじゃなくていいの？」とニヤニヤ聞く。保育者「いいよ、どっちでも」と言うと、少し考えてから、「やっぱりこっちにする」と保育者の方に向きを変えてすんなり静かに寝る体勢になった。「先生の方を向いて」と言われるのを予想してわざと反対に寝てみたけれど……という感じのあかりちゃん。意外とそれ以上はふざけたり気を引こうとしたりせずに寝ついた。

（一乗寺保育園の場面記録より）

●受け止めてもらった手応えを求める

「**ハンタイ確かめ**」と私は呼んでいるのですが、２～３歳ごろの子どもたちは、反対のことばかり言ったりしたりしておとなに要求をぶつけながら、自分と相手の存在を実感し、「対話する」ことを学んでいきます。からだ、表情、ことばで丸ごと受け止めてもらうことの満足感、心地よさが、自分の存在に対する基本的な信頼感となり、その蓄えこそが、他者のことばに耳を傾け受け入れる土台になると考えられます。

２歳ごろの一時期、なんでもジブンデ！ と主張するのではなく、できることは「やって」と甘えるようにもなります。「自分でできるよね」とつっぱねるとひっくり返ってゴテるので「はいはい」とやってあげると、ニンマリ。どうやら、「ジブンデスル」よりも、相手にやってもらうこと、その要求を受け入れてもらうことが「一番」重要になってくるようです。できること、慣れてきたことに関しては、自分ですることの達成感よりも、「**受け止めてもらう**」ことの手応えがほしくなったのだと思います。

とはいえ、すべてやってほしいというわけではないらしく、「じゃあ、こっちは○ちゃんがしようか」「あとは自分でしてごらん」などと、「**よき終わり**」**を**「**自我の主人公**」**に渡す**ようにすると、満足そうな笑顔に出会えることでしょう。

「お手伝い」がしたい!!

●2歳児との対話がうまれるとき

おとなが忙しくしているときに、「ナニシテルノ？」“何かできそうなことは……？”と寄ってきてはうろちょろする２歳児。道具を使えるようになり、自分のものと他者のものとが区別でき、「～してから～する」「○○は□□にする」といった決まりごとがわかるようになってきたことで、できること、しようとすることがずいぶん増えてきます。おとなが何をしているのかが気になり、**おとなとイッショの世界を持ち、イッショの目標を持つ**ことがとてもうれしいのです。

お手伝いをさせてもらうなかで、「これはお父さんのくつした」「これは○ちゃんの服」などと言って分けたり、「これ、きのう買ったなあ」（ずっと前のことでも「昨日」だったりしますね）、「これ着ておばあちゃんとこ行ったなあ」などという対話が自然に生まれてくるのではないでしょうか。この時期の対話は、向かい合ってするというよりは、**いっしょに同じことに取り組んでいる中で生まれるようです**[1]。

●みんなで1つずつ

保育園では、先生が「積み木を運ぶのをだれか手伝って」などと声をかけると、数人の子どもが競ってやってきます。ところがみんなでしようとするものですから、互いが取り合ってぶつかったり、足を踏まれたりして手伝いを忘れて泣き出したりします。そんなとき、「ケンカをしたらだめ！」「泣くんだったら持たなくていいよ」ではなく、「○ちゃんも１つ、□ちゃんも１つ、みんな１つずつ運んでね」「◇ちゃんと☆ちゃんは仲よしさん。２人で１つ持ってね」などとことばをかけてもらうと、今度は、みんなでイッショにという目標をとらえた力強さで手伝えるようになるでしょう。

じゃあ、ボクが押してあげる。ミテミテー

「お手伝い」と「おとうばん」とでは表情の真剣さが違う、ということに気づいて１歳児クラス後半から「おとうばん」に取り組んでいる実践もあります[2]。いろいろな実践に学びながら、この時期の「お手伝いしたい」気持ちを尊重し、どの子にもそれをかなえさせてあげることができるように工夫できるといいですね（→コラム②72ページ〜）。

大好きな人を心の支えに

このころ、できてうれしいことを「ミテ、ミテ」とアピールし、「すごいねえ」などと受け止めてもらえるまでしつこく訴えることが増えます。そのような時期になると、苦手なものを食べるときに、保育園で「お母ちゃん見ててねー」などと言われるとパクッと食べたり、家では「○○センセ見ててねー」などと誘うと行きたがらなかったトイレにも行ったりします。**その場にいない（とはいえとりわけ重要な）他者を思い描いて気持ちを前向きにする**ことができるなんてすごいなあ、それだけ、見てもらえているという実感を求めている子どもたちなのだなあと思います。

１歳児クラスの秋も深まったころ、次のような場面に出会いました。

episode まるで青春ドラマ

朝、母と別れるのがイヤで保育室の扉の前でぐずり泣きしはじめたキョウ。そこへ大好きなあさかちゃんとさよちゃんがやってきた。母が「ほらキョウ、あさかちゃんたちが来てくれたよ。いっしょにあそぼーって」とキョウに向かって言い、あさかちゃんたちに「仲よくしてあげてね」と言った。すると、あさかちゃんとさよちゃんが2人同時に両手を前に差し出し、「キョーチャン、アーソーボー」。「……」――2人をチラチラ振り返りながら母にしがみつくキョウ。そして、10秒もしないうちにキョウも両手を伸ばし、2人の間に入れてもらい、3人で手をつないでベランダのほうに向かった。キョウは振り向いて母に「バイバイ」。その顔はすっかり笑顔でニコニコ笑いながら去っていった。

（筆者の育児記録より[3]）

さよちゃんとあさかちゃんはそれぞれ4月生まれと7月生まれで、1月生まれのキョウには「おねえさん」的な存在の友だちです。先生に抱き取ってもらうのではなく、こんなふうに友だちを支えにして気持ちを切り替えていくことができるようになって……と感動した場面でした。

友だちと手をつないだら楽しいことが待っている――そんな期待と安心感を育む1歳児クラスの保育について、第Ⅱ部、第Ⅲ部ではよりくわしくみていくことにしましょう。

1 田中昌人・田中杉恵・有田知行（写真）『子どもの発達と診断3 幼児期Ⅰ』大月書店、1984年、p.221
2 大野真理「みんな大好き班活動〜一歳児こぶた組の集団づくり」全国保育問題研究協議会編『人と生きる力を育てる―乳児期からの集団づくり』新読書社、2006年、pp.52-62
3 服部敬子「生活の中にみる乳幼児の発達―理論とゲンジツ（二）自我の拡大につきあった一年間」京都保育問題研究会編『保育びと』第19号、2007年、pp.89-104

第５章

１歳児クラスの 保育実践で 大切にしたいこと

１歳児の喜びと希望をひらく 保育の課題

１）１歳児保育における「自我発達」と「協同性」
——“イッショ！ がたのしい”を求める心

肩に何か？ とりあえずなんかイッショで楽し〜！

●“一人ひとり”と“全体”を両立させる

どの年齢の保育においても、集団での生活・活動のなかで、一人ひとりの子どもの思いを尊重することが大切であることは共通しています。月齢の差によって発達の姿が大きく異なる０歳児や１歳児の場合はとくに、睡眠や食事、排泄などの面で個別的な対応が不可欠であるために、集団全体の生活の流れや活動との兼ね合いが問題となります。個別的な対応と集団全体への目配りを両立させるというのは保育経験を積んだ保育者であってもなかなかむずかしく、一人ひとりの思いを受け止めていたら全体がばらばらになってしまう〜！ と頭をかかえることも少なくないと思います。

●「私は私」の心と「私は私たち」の心

『保育・主体として育てる営み』（ミネルヴァ書房）などの著書がある鯨岡峻さんによれば、「主体」とは、「自分の思いをもって自分らしく周囲の人と共に生きる存在」のことであり、「私は私」の心と「私は私たち」の心という二面をもつと考えられています[1]。「私は私」の心とは、「自己充足欲求」

が下地にあって、こうしたい、こうしたくないという自分の思いを貫こうとする心の動きです。他方、「私は私たち」の心というのは、「繋合(けいごう)希求欲求」(特定の他者とつながれることの満足や喜びを本源的に求める欲望)が下地になっています。重要なおとなが子どもの存在を肯定し、子どもを大事に思うことによって、その繋合希求欲求が満たされ、そこから、重要なおとなと「イッショがいい」「つながっていたい」という心の動きが生まれ、信頼感が生まれてくるというのが原初的な「私は私たち」です。そこから次第に、「友だちとイッショがいい」「友だちとつながって遊びたい」というふうに、つながることが喜びになってきて、本格的な「私は私たち」の心が成り立ってくると考えられています。

●「私は私」と「私は私たち」のバランスをとる「自我」

この二面の関係について鯨岡さんは、「私は私」の中核にある自己肯定感の根が生まれ、またそこから意欲が生まれるには、「私は私たち」の心の中核にある、重要なおとなへの信頼感や安心感が不可欠であり、逆に、「私は私」の心が充実して自分に自信をもって意欲的に周囲にかかわることで友だちと遊ぶことに楽しさが生まれ、そこから相手の思いを尊重したり相手を許したりといった「私は私たち」の心が動くようになっていくという関係があると述べています。この両者のあいだには、相容れない面もあれば、お互いを強め合う面もあり、「ヤジロベエ」のように両者のバランスをとっているのが「自我」であると考えられています。

●イッショ! を強く求めはじめる自我

このように考えると、「自我」を誕生させて、“こうしたい”“こうしたくない”という自分の思い(「私は私」)を強く主張しはじめる1歳児が、同時に「つながる喜び」(「私は私たち」の心)をもまた強く求めはじめるということがよく理解できます。重要なおとなへの信頼感や安心感をベースとして、「友だちとイッショがいい」「つながって遊びたい」という気持ちを強くもちはじめるのが1歳児であると考えられます。この発達要求に応え、「つながる喜び」が実感できる生活をつくりだしていくことが1歳児保育の重要な課題であり、“イッショ! がたのしい”を本書のキーワードとしたのはこうした理由からです。

乳児期には、おとなに抱きとめられたり顔を寄せてほほえみ合ったりすることで満たされていた「つながっていたい」という欲求ですが、歩く、道具を使う、イメージをもつ、ことばで伝え合う……といった新しい世界がひらかれてきて「間接的につながる」ことも楽しくなるのが１歳児です。そこで、１歳児の“こうしたい”願いをくみ、めばえてくる力をフルに生かしながら“イッショ！ がたのしい”生活をつくりだす保育の構造について整理してみましょう。

２）１歳児保育で大切にしたい生活と経験の構造

「序」に記されているように、私たちは、子どもの発達を次のような３つの要素が豊かに育つことと考えています。

①安心感に支えられ、自分の思いを自由に表現できること
②自分の心の中に、たくさんの信頼できる人が住めること
③やりたいことやあこがれが、自分の中に育つこと

①は先に述べた「私は私」の心、②は「私は私たち」の心に対応し、「いま」を喜びとともに生きる子どもの姿であるのに対して、③は、「希望」を創りだし、「未来」に向かって生きていく子どもの姿に対応するものです。

コワレタ……？ 季節の恵み、いただきます

３つの層でとらえる４種類の生活と活動

これら３つの要素に対応する形で、子どもたちの中に「喜び」と「希望」を育てる保育実践として保障したい生活・活動を次のような３種類に整理しています。

・周囲の環境や事象に、驚きや不思議心で働きかける**〈探索・探究する生活〉**
・保育者に対する安心・信頼を基礎に**〈文化に開かれた生活〉**
・主体性と協同性とを響かせながら展開していく**〈創造的で協同的な活動〉**

このように分類した活動の基礎になるものとして、もう1種類、「心地よい身体性と、安定した居場所を保障する」〈基本的・日常的生活活動〉を位置づけています（第1の層）。この活動は、「基本的生活活動」（食事、睡眠、排泄、衣服の着脱、清潔・健康管理といった、生活習慣や生活技術の獲得にかかわる活動）と、「日常的な生活活動」（生活を営む基礎集団の形成、当番や係活動といったクラス活動）とに分類することができます。

乳児クラス、とりわけ、0歳児と1歳児の保育においては、「基本的生活活動」にかかわることが保護者の大きな関心事でもあり、各家庭との協力関係のもとに生理的な基盤と生活リズムを整えていくプロセスのなかでとくに重視されることになります。1歳児の場合、保育園という生活の場が安心できるものになって、食事や睡眠、排泄、衣服の着脱や手洗いなどの基本的生活活動を「自分から」「自分でしよう」とする意欲を育てていくことが、〈基本的・日常的生活活動〉における中心的な課題となります。

●それぞれの生活・活動に対応する保育内容

〈探索・探究する生活〉（第2の層の1つ）では、保育者よりも子どものほうが活動の主導権を握り、友だちとともに自発的・偶発的なあそびを楽しむなかで不思議心や探求心を育んでいくことがねらいとなります。子どもと環境（モノ）が、子どもの発見・驚き・不思議心によってつなげられていく点に特徴があり、重要なのは、子どもの中に生じる「驚き」や「発見」の世界に共感し、その思いをていねいに聞き取る姿勢と能力が保育者の側に要

図　保育実践を構成する4つの生活・活動の構造

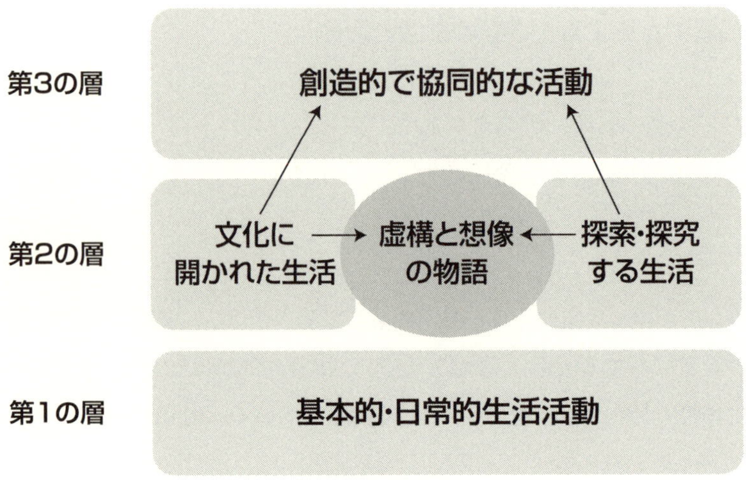

求されることです[2]。

他方、絵本やうたなど、子どもと保育者の間で「文化財」を共有しながら、保育者先導で展開し、文化を共有するという活動のなかで共感的な知性を育てていこうとするのが**〈文化に開かれた生活〉**（第２の層の１つ）に分類される活動です。先の節でふれたように、歩く、道具を使う、イメージをもつ、ことばで伝え合う……といった新しい世界がひらかれてくる子どもたちに、「間接的につながる」楽しさを伝えていく保育内容ということができます。触れ合いや追いかけっこなど、経験そのものを共有して遊ぶ「経験共有活動」と、うたや絵本といった文化（財）を共有しながら展開される「文化共有活動」とがあります。

他者の動きをよく見て期待しながら走るマテマテあそびやリズム運動では、新たな基本姿勢を獲得していく１歳児期に“からだを動かすことが楽しい！”“イッショだともっと楽しい！”と実感させてあげたいものです。まねっこをしてノリノリ、身振りや歌うことって楽しいねえ～と共感し合う「手あそび」やうたも１歳児になっていっそう盛り上がる活動です。

♪～にらめっこしましょ……あっぷっぷー！

伝承あそびの一つである「わらべうた」には、友だちとイッショにからだを動かしながら歌うというくり返しの中に１歳児にもわかる簡単な「ルール」が含まれており、「このときにはこうする」という簡単な「ルール」を体得していくことで、その行動を予期・期待して「イッショに再現」することの楽しさを知っていくことにもなります。くり返し見聞きする「絵本の読み聞かせ」のなかでも１歳児は、次の場面を予期・期待して他の子とイッショに笑い合うというような楽しさを感じていくことになります。

こうした**〈文化に開かれた生活〉**を通して、「共感的知性」が育まれていくと考えられ、「一人ひとりの子どもの中に育つ共感的知性と対話しながら、それを集団的共感性にまで高めていくこと」が重要な課題となります[3]。

〈探索・探究する生活〉と**〈文化に開かれた生活〉**という「第２の層」の２種類の「喜び」の世界が拡大していくのに対応して、子どもの中には「虚構と想像の物語」が生成していくと考えられます[4]。ごっこあそびは、子どものイメージ能力の出現によってのみ可能になるものではなく、社会的な共同行為の産物であり、文化的な知識や技術をもった人が足場づくり(scaffold)することによってはじめて楽しめるようになっていくものであると考えられます[5]。

そしてこの「虚構と想像の物語」を媒介にしながら、すべての経験をつなげる形でつくられていく活動が、「第３の層」に相当する**〈創造的で協同的な活動〉**です。幼児期後期に大きく開花していくことになるこの活動は、１歳児においてはまだ「めばえ」の時期ですが、子どもたちが共有できるイメージをしかけ、つなぎ合わせていくことで、「みんなでイッショ！ が楽しいね～」というあそびをつくりだしていくことができます**(→第Ⅱ部94ページ～)**。

「基本的生活活動」(第１の層)と〈探索・探究する生活〉〈文化に開かれた生活〉(第２の層)との密接な関連

午睡のとき、寝かされて泣き疲れ「力尽きて眠ってしまう」姿に問題を感じ、「自分で眠るつもりになる」ことを大事にしてさまざまな工夫が重ねられた実践があります[6]。睡眠に課題がある子が多いクラスで、とにかくからだを動かして疲れて、気持ちよく寝てもらおうという心づもりだったのですが、実際はからだを動かさなくてもよく眠れる日があったり、散歩に行ったものの眠れない日があったりと思うようにはいきませんでした。「今日はどうして眠れなかったのかなぁ」と担任同士で話す中で、「(体は動かさなくても) 子どもたちの中で遊びきったと思えた日は気持ちよく眠れるのではないか」という考えに行き当たりました。

そこで、昼食後から昼寝までの時間に、食べ終わる早さでグループにわけ、それぞれが魅力的な場所 (屋上探索) や手指を使うおもちゃでじっくり遊べるようにするなど、「どの子も」「ほんの一時」でも眠る前に「いい気持ち」で過ごせるように工夫が試みられました。このことで、早くご飯を食べる、自分から着替えだすなどの変化もみられるようになりました。また、隣の２歳児クラスの押入れに「代々」住んでいるという「ねずみばあさん」が「だれだーってくるんじゃない？」と声をかけてみると、ドキッとしてふとんに入ったり「ねよう」と反応したりする姿が出てきました。「１時が来るよ」(12時半ごろからふとんに入りはじめるので) という保育士のつぶやきにも「１時さんコワイ」と寝るつもりになったそうです。

この実践は、１歳児保育の生活と構造を考えるうえでとても大切なことを教えてくれています。それは、子どもたちの生理的な基盤と意志に強くかかわる「基本的生活活動」は、**〈探索・探究する生活〉**や**〈文化に開かれた生活〉**を支える基礎として位置づけられますが、逆に、後者２つの「生活」に支えられるものであるということです。つまり、「自分から」「自分で」するか、しないかを「自分で決めたい」という気持ちが育ってくる１歳児にとっては、単に「おなかがすいた」「疲れた」などの生理的・身体的欲求が「基本的生活活動」への意欲を左右するのではなく、あそびでの満足感があるか、生活の見通し（ここでは期待感）がもてるかどうかがきわめて重要であるということです。“今日もオクジョウに行きたいな”“いつもはないおもちゃを出してもらえるんだー”と、ワクワクドキドキのイメージをもってパクパクご飯を食べ、“イッパイ遊んだな～”“あ～タノシカッタ～”と満足しながら“ねずみばあさんがこないうちに……”と自分から目を閉じる――。子どもの要求とおとなの要求とがぶつかりやすい身辺自立への道も、喜びと希望を育てるという視点で導いていくことがのぞまれます**（→第Ⅱ部61ページ～、コラム②③72ページ～）**。……それにしても、「イチジさん」ってどんな姿で想像されたのでしょうか？？？（笑）

お昼寝の前に……イッショに、ジブンで

それでは、こうしたことをふまえて、１歳児クラスの子どもたちの姿を思い描きながら、具体的に１歳児保育で大切にしたいことをまとめてみます。

３）１歳児の喜びと希望をひらく保育の視点・留意点

歩き込み、素材－道具で遊び込む魅力のある生活をつくる
――〈探索・探究する生活〉

これまで述べてきたように、１歳児クラスの子どもたちは、ヒトに特有な「歩く」「道具を使う」という活動スタイルを獲得しながら、ことばを中

心とするコミュニケーション、思考の世界へと踏み出していきます。立ち上がることで視野が広がり、「いいモノ」探しの目が輝きはじめます。トコトコ……と、かけ寄って拾い上げると、また次の目標に向かってタッタッタ……。「何を見つけたのー？」と声をかけられると、ニッとほほえんで戻ったり、追いかけてもらうのを期待してかけ出したり。

目標をとらえ、何かを手に持つと歩く力強さがぐんとアップする１歳児です。近年、安全の確保という面でさまざまなむずかしさもありますが、散歩などをふだんの保育に位置づけて**土を踏みしめ、草花や虫、石ころや水の流れに出会えるような環境**の中に子どもたちを解き放ちたいものです。それぞれの思い思いの探索を見守りつつ、「いないいない〜」（ちょっと先でかくれて待つ）、「マテマテ〜」など、**気持ちのやりとりやかけ引きを楽しむような働きかけ**も心がけてみましょう。

乳児期には、どんなモノでも、なめる、振る、打ち合わせる、落とすなどよく似た扱い方をしていたのが、１歳前ごろから、ボールは転がす、入れ物には入れる、クレヨンでは描く、スコップではすくうなど、モノに応じた道具的な使い方がわかるようになってきます。おとなやちょっと大きい友だちがやるのをよく見て模倣する力、まねようとする気持ちが育ってくるからです。

でも、なかなかうまくいきません。半年以上かけて、神経系の成熟をもとに、手首を内向きに折り返すコントロールを獲得していくなかで、デキタ！ という手応えが得られるようになっていきます。そして、その喜びを信頼を寄せるおとなに伝えて共感を求めるようになります。それまでは、まだまだなんでも口に入れたり、ポイっと投げたりしがちですが、「まだしかたない」と見過ごしたり、「メンメー！」「だめよ〜」と注意したりするだけでなく、**遊び方や使い方を根気よく教えてあげることが大切**です。すると、ポイポイするかわりに、あれこれと試すように遊びはじめることでしょう。

１歳児の「自我」といえば、「イヤ！」「ジブンデ！」という抵抗や主張が有名ですが、そうした姿はまさに、**一連の「手応え」——立ち上がって視野を広げる、目標をとらえて歩く、おとなや友だちのすることをまねる、道具を使っていろいろな素材を変化させていくなど**——のたまものと言えます。その一つひとつの過程が子どもたちにとって、魅力的で、モットモットやりたい！という気持ちになるように、どのような環境・場面づくりが必要かを考えてみましょう。そうすると、“ミツケタ！”“ナンダロウ？”“イイナア”“コウカナ？”“デキタ！”という子どもの気持ちの動きに寄り添う受け止めやことばかけがいっそうていねいに豊かになるのではないでしょうか。

タノシカッタ！ 満足感と納得をもとに、食べる・眠る意欲が育つ生活をつくる――〈基本的・日常的生活活動〉

スキンシップと情動的な交流を通じて乳児期から築いてきたおとなとの信頼関係をもとに、自分の「つもり」を受け止めてもらう心地よさを実感できていくことが、１歳児の保育においてはきわめて重要です。**存分にからだを動かし、手応えのある活動に取り組み、「つもり」を受け止めてもらって保育者や友だちと笑い合うという満足感、充実感が得られる生活のなかで、**１歳児はよく食べ、その後は“お昼寝しよう”という気持ちになります。食べる量や熟睡する時間には個人差がありますが、給食を心待ちにし、「ご飯を食べたらお昼寝する」という生活上の見通しをもって、「自分から」眠ろうとする意欲が育つように、前後の活動のなかみと流れを工夫することが大切です。

ぷはーっ！ お散歩途中の一杯は最高

１歳から２歳台は、記憶能力がめざましく発達する時期です。どこで何をした、ということをよく覚えていて驚かされます。うっかり自販機でジュースなど買おうものなら、次にそこを通りかかった時に指さしてしつこく買う（ボタンを押す、ジュースを出す）ことを要求します。そんな時期だからこそ、いっしょにしたことを「○○したね～。楽しかったね～」「○○になったね～」「また○○しようね」などとことばにしてていねいに受け止めていると、子どもたちみずから、「タノシカッタ」「イッパイ○○シタ」などと意味づけるようになります。満たされた気持ちを他者と共有してタノシカッタ記憶がつくられていくのです。

○○してタノシカッタ→「次」もきっと楽しいだろうな、と「気持ちが接続する」（満足――期待というつながりのある）生活のなかで子どもたちは、みずから「待つ」ことができ、気持ちを切り替えて「次」の場面に向かっていけるようになります[7]。「～シテ～スル」という見通しをもって「納得」し、この時期なりの行動調整ができるようになっていきます。

イマではないアトデ、コッチではないアッチ、ゼンブではないチョットダケなど、対（つい）の世界をひらいていく2歳児は、デキルことを「デキナイ」と言ってみせたり、デキナイと感じると「シナイノ！」と尻込みしたりするような姿もみせます。そんな時、「できるでしょ！」と迫るのではなく、「そっかあ、しないの～？」などと受け止めたあと、「じゃあ、☆☆（好きな友だち、好きな保育者）とイッショにする？／アッチ（好きな場所）でする？／アトデする？」のように対の関係から子ども自身が選びとれるように働きかけてみましょう。「△△（おとながさせたいこと）しないと○○（子どもがしたいこと）できないよ！」とダブル否定するとワァーっと泣き崩れますが、「じゃあ、○○したら……△△もしようね」**と肯定的に受け止めて見守ってあげる**と、喜んで「○○をしたあとで自分から△△する」ことも多くあります。

このように、1歳児の保育においては、タノシカッタ！ 体験と受け止めてもらえる安心感・満足感をもとに基本的な生活習慣を身につけ、**“イッショにジブンデする”という「自立」への道**を歩みはじめる生活づくりを大切にしたいと思います。

みたて・つもりあそびを豊かに展開し、“イッショ！ がたのしい”あそびをつくる——〈文化に開かれた生活〉

1歳なかばごろから、表象（イメージ）能力の発達によって「（ホントではない）○○のつもり」を楽しむあそびができてきます。立ち上がることによって地面から離れ、神経系の成熟によってモノを道具的に扱う機能を備えてきた手指が、描いたり作ったり、手あそびなどを通して「表現できる」自由な手になっていくことも重要です。地面にまるを描いてその中に集めた葉っぱや石ころを置いて……「マンマできたよ～」と声をかけると、わらわらわら……と寄ってくる子どもたち。「お手々をぱっちん、いただきます！——あれ、スプーンがないねえ」とつぶやくと、ウロウロキョロキョロ、何やら見つけてきて「アイ、ドーゾ」。ムシャムシャ……食べるまねをして「あ～おいしかった。おかわりちょうだ～い」——そう返すと、またまたせっせと葉っぱやら小石を拾いに行く姿も。

人さし指を頭の上で立てて「オニだぞ～」と近づくと、先生も友だちも「コワ～イ！」と笑って逃げ出す。次に友だちがそうやって追いかけてくると、ついつい自分も逃げてしまう。先生が低い声でやってくるとちょっぴりコワイけどオモシロイ。“イッショ！ がたのしい”あそびのレパートリーとして、このような**感情の揺れ動きを引き出すような働きかけ**をぜひ取り入れてみてください[8]。

みたて・つもりあそびから、ごっこあそびに発展していく過程で子どもたちは、「～～だったらいいなぁ」という世界を思い描き、実現していくことができます。“毎日誕生日会”で“ケーキ”を食べたり、“デンシャ”の運転手さんになったり、“ピアノ”（箱に鍵盤を描いたものなど）を弾いて歌ってみたり……。現実の生活ではできないことや、ふだんおとなにしてもらっていることを「自分でしてみる」ことができます。１歳児に**わかりやすく共有しやすい「生活再現」のつもり・ごっこあそび**を中心に、テーマや小道具を工夫して、**「だったらいいな」というあこがれの生活をみんなで共有するようなごっこあそび**をしかけてみましょう。

♪ばーすーばーすーぶぶぶ～　ピアノにもなる便利な箱

このように、**変化する素材と道具、イメージを支える小道具**を仲立ちとして、“一人じゃつまらない”、“友だちとまねし合っておんなじつもりで遊ぶのはおもしろい”、モットモット!!……そういう気持ちを育てていきたいと思います。

相手の意図に気づき、相手とつながるふさわしいかかわり方を伝えていく——自我発達と協同性

モノを道具として役立たせることができるようになるこの時期、「○○とってきてちょうだい」「☆ちゃんにドウゾしてきてね」などと頼まれると嬉々として向かい、戻ってきて「ユキちゃんありがとう」などと言ってもらうと、ぱぁっと笑顔が輝きます。これまでおとなにやってもらっていたことをジブンデしようとする気持ちが強くなるとともに、人の役に立つことが大好きになって、友だちにも何かをしてあげたい１歳児です。

“相手は自分に何かを求めている”という意図に気づき、怒っている、

笑っているという表情がわかるようになりますが、「何を求めているのか」「どうしたらいいのか」ははっきりわからずに混乱することも多くあります。泣いている友だちを見つけて寄っていったと思ったら、泣いている子の頭をポカリ。何かしてあげたいのだけれども、かえって迷惑になるような行動もよく見られます。そんな時に「どうしてたたくの⁉ ○ちゃんイタタでしょ！」と叱ることに終始すると、わかったのかわからないのか「？？？」ぷいっと知らん顔をしたり、すぐまたくり返してしまったりします。「○ちゃん泣いてて悲しいね。ヨシヨシしたげようね」と、**相手の気持ちを代弁して、「どうすればよいか」をシンプルに教えてあげる**ことが大切です。「××ではなくて、○○するんだ」と納得すると、神妙な顔つきで頭をなでてあげることでしょう。

先にも書いたように、2歳をすぎるころから、なんでもジブンデ！ と主張するのではなく、できることは「やって」と甘えるようにもなります。一方で友だちのお世話ばかりしたがる姿に、「自分のことをちゃんとしてから！」と言いたくもなりますが、**“友だちのことだからこそ気になる、やってあげたい”気持ちを大事に**したいと思います。ジブンデ！ やりたい友だちには、「今度は○ちゃんがやってあげてね」と、お互いが満足できるように橋渡しをしてあげましょう。「ジュンバン」や「カワリバンコ」など、社会的なルールの第一歩を、「禁止」や「強制」ではなく、「○ちゃんの次にできる」という見通しにつながるように、「ジュンバンジュンバン……だれの次にしよっか？」といったことばかけで導くことが望まれます。

「チェンチェー！」「ミテー！」と、ことばやからだ全体で保育者に信頼を寄せ、共感を求めるようになる1歳児。**「私は私」の要求を受け止め、“イッショ！ がたのしい”生活をつくりだすことで、「私は私たち」という心を育てていきたい**と思います。気になる、大好きな、あこがれの友だちができていくことが1歳児の喜び、希望となり、「協同性」発達の土台として重要であると思います。

４）１歳児保育における計画と実践の豊かな関係

第Ⅰ部では、１歳児クラスの子どもたちにひらかれる「喜びと希望の世界」という視点から、１～２歳の子どもの発達の特徴と、１歳児クラスの保育で大切にしたい生活と活動の構造について整理してみました。

保育の「構造」というのは、家づくりにたとえるなら、大きな家や小さな家、昔ながらの家や今風の家にも「共通して必要とされる」骨組みや空間のことです。どんなにすてきな家具や調度品を用意しても、家全体を支える基礎部分や柱・梁、寝食できる空間がなければ家として成り立たない、住みにくいということになってしまいます。これまでのところで、１歳児保育を考えるうえで**なくてはならない「柱」や「土台」となる活動**は何か、**それぞれの「柱」となる活動の意味や「柱」同士の関係**について述べてきたことになります。

珍しい大雪で急きょ予定変更！

保育「計画」は、こうした「構造」をふまえて、**子どもたちの発達や季節、各園の地域性や伝統、保育者の個性、その年そのクラスの子どもたちの特徴**などを考え合わせて、具体的な活動内容を盛り込んで練られていきます。保育計画を見ればその園（クラス）のおおよその保育がわかる……と言えばわかるのですが、計画からは見えない保育の実際、**計画には書かれない具体的な保育の方法**というものが、じつは、園全体の雰囲気（エートス）や子どもたちに与える経験や生活を大きく左右します。

「今年は４月から人数が多いね」「ぽん、と離れて３月生まれが３人」「人との関係づくりがむずかしい子が何人か……」という場合、「例年通り」のグループわけの方法や環境設定ではうまくいかないかもしれません。あるいは、年間計画を確定して保育が軌道に乗りはじめたところで、「あれ？ こんなはずでは……」「このまま続けていていいのかな？」という気づきが生じることもあります。また、「計画」のなかではさらりと書かれることが多い「他の職種や保護者と協力して……」ということもなかなかむずかしい問題です。

このように、「計画」を実践に移していく際に生じるさまざまな問題に対して具体的にどう取り組んでいけばよいのか、**計画を生きいきと動かしていく試み**について、あとの第Ⅲ部第２章「１歳児クラスの保育計画が動き出すとき」で深めたいと思います。

発達の変化がめざましい乳幼児期、「計画にそって保育をしているのに子どもの姿が見えなくなる」ということがあります。発達の主人公である子どもたち、保育を担う主体である保育者もともに、「〜したいのに（できない)」という悩みを克服するなかで大きく飛躍していきます。そんなときに、**保育を変える、保育者が変わるきっかけや支えになるものは何か**、「対話」をキーワードに第Ⅲ部第３章で掘り下げます。

1 鯨岡峻『子どもの心の育ちをエピソードで描く―自己肯定感を育てる保育のために』ミネルヴァ書房、2013年
2 加藤繁美『対話的保育カリキュラム（上）理論と構造』ひとなる書房、2007年、p.111
3 同上書、p.116
4 加藤繁美『対話的保育カリキュラム（下）実践の展開』ひとなる書房、2008年、p.211
5 L．E．バークほか著、田島信元ほか編訳『ヴィゴツキーの新・幼児教育法　幼児の足場づくり』北大路書房、2001年
6 森原久恵「『納得すること』を大切にした生活づくり〜午睡を中心に」保育計画研究会編『改訂版 実践に学ぶ 保育計画のつくり方・いかし方』ひとなる書房、2013年(改訂版)、pp.88-104
7 浜谷直人「場面の切り換えから保育を考える―活動の間の気持ちのつながりをつくる」『季刊保育問題研究』247号、新読書社、2011年2月、pp.26-138
8「あそびのおもしろさと“揺れ動き”」については、河崎道夫『あそびのひみつ』第Ⅲ章、ひとなる書房、1994年、など。

column 1　絵本のじかん――1歳児の目のつけどころ

荒堀育子　京都・一乗寺保育園

0歳から1歳児クラスに持ち上がると、子どもたちの成長や変化がダイレクトに感じられるのが喜びでもあり、楽しみでもあります。へぇーと驚くことや、できることがちょっとずつ増えてくるこのころ。保育のいろんな場面で1歳児の意外な目のつけどころに保育者が驚いたり笑い合ったり。そんな“クスッと笑える話”を、「絵本」の場面から紹介します。

●くり返し読むうちに……

0歳児クラスのときからお気に入りになり、1歳児クラスでもくり返し読んでいる絵本のひとつに『だるまさんが』(かがくいひろし作、ブロンズ新社)があります。

「だ・る・ま・さ・ん・が」「どてっ」「びよーん」「にこっ」とだるまさんの動きと同じことを体現しながら楽しんでいました。その動きをやるのを次のページをめくる前から待っていたり、とつぜん(昨日まではやっていなかったのに!)、「だ・る・ま・さ・ん・が」のフレーズで体を左右に動かしはじめたり……なんてことが数多くあり、あの小さな四角い絵本には数々の子どもたちの成長が見られるシーンが詰まっています。同じ絵本でも、0歳のときとはまた違った楽しみ方があるのだなあと実感します。『だるまさんの』『だるまさんを』も合わせて読んでいました。

●「これってシリーズ?」

1歳児クラスの秋、『メイシーちゃん』(ルーシー・カズンズ作、五味太郎訳、偕成社)を読み終わったとき、クラスで一番大きいはるくんが「センセイ、これシリーズ?」とたずねてきました。「そやでー。メイシーちゃんはシリーズやねん。メイシーちゃんの本いっぱいあるやろ」と答えながら“こんなことに興味をもつんやなぁ”と保育者同士で笑っていました。その後、それがきっかけになったのか、『だるまさんが』『だるまさんの』『だるまさんを』のどれかを読み終わると「シリーズ!」と言う子どもたちがひとり、ふたりと増えていきました。

ある日『おにぎりくんがね』(とよたかずひこ作、童心社)を読んだときのこと。絵本カバーのそでに、『りんごくんがね』『なっとうくんがね』など、同シリーズ絵本の表紙の写真が小さく載っていました(たいていの場合、シリーズ絵本だと紹介してありますよね、あれです)。はるくんが「これってシリーズ?」と気づきました。「シリーズやで。『なっとうくんがね』も読もか。みんな納豆好きやし、この本も大好きになるかも……」とや

りとりをしました。

それに端を発したのでしょうか、カバーがついている絵本だと（カバーからボロボロになるので、はずしてあることが多い）、「これってシリーズ？」「これ、シリーズ！」とカバーのそでを見てだれかれなく言うようになっていきました。『コロちゃん』の絵本（エリック・ヒル作、評論社）などはカバーがなくても「これはシリーズ」と気づいて、したり顔でつぶやく子どもたちでした。

●「〇〇っぽい！」

絵本の“絵”に注目しはじめたころの話です。子どもが登場する絵本で「この子、〇〇ちゃんっぽいね、髪の毛がそっくりやし」と、たまに保育者がコメントを入れることがありました。そんなコメントを入れるのはごくごくたまになのですが、子どもたちといっしょに見ている保育者から「そっくり、そっくり！」と共感の声があがったりして、そのときはよく盛り上がっていました。

ある日、久々に『ちびゴリラのちびちび』（ルース・ボーンスタイン作、ほるぷ出版）を読んだときのこと。「みんなはいまでもちびちびくんのことがだいすきです」と最後の文章を読み終わったとき、なつきちゃんが「ヒラせんせっぽい!!」と大きな声で一言。もともと、声の大きななつきちゃんですが“わたしの意見！”というような言い方に、「なに、なに？ なにがヒラせんせっぽいの？」とたずねると「これ！」となつきちゃんが指さしたのは、最後のページの「作者の写真」でした。

海外絵本の場合、作者の顔写真が載っていることが多いですよね。ルースさんの顔写真でした。「あぁぁ――っ、そうかこの写真」。相棒である「ヒラせんせ」こと「平沼先生」はふわっとした雰囲気を持つ“べっぴんさん”。なつきちゃんの眼にはそう映ったのでしょう。この場に居合わせた保育者たちの共感を得たのは言うまでもありません。この時いなかった本人にも報告。この後、平沼保育士がこの本を読んだときも、最後の作者の写真が出てくると「ヒラせんせっぽい！」と複数の子どもが“われ先に”と言います。ここで照れないのが「ヒラせんせ」のいいところ。

２歳児クラスになった今は、「〇〇っぽい」と自分の名前をあげて、絵本を楽しんでいる子どもたちです。

子どもたちの目のつけどころをこれからも共有しながら、クスッな話を見つけていきたいです。

このほか本書に登場する絵本

（作者・出版社名は該当ページに表記）

『ねないこだれだ』→20・100ページ
『きれいなはこ』→20ページ
『おべんとうバス』→83ページ
『あがりめ さがりめ』→100・186ページ
『こわくないこわくない』→100ページ
『ぬぬぬぬぬ』→102ページ
『おばけのアイスクリームやさん』→100ページ
『おばけがぞろぞろ』→118ページ
『ピンポーン』→138ページ
『ももんちゃん』シリーズ→138ページ
『ももたろう』→138ページ
『おひさま あはは』→161ページ
『ぴょーん』→172ページ
『ふうせんねこ』→174ページ
『ノンタン あわ ぷくぷく ぷぷぷう』→186ページ

第Ⅱ部

1歳児クラスの実践の展開

第Ⅱ部では、からだも心も大きく変化していく1歳児クラスの子どもたちの「喜び」や「希望」を育む保育を具体的にはどのように展開していけばよいのかを考えるために5つの実践が登場します（あとのpoint欄で実践者の記録に編者服部が「合いの手」を入れる箇所には下線を引いています）。

第1章では、一人ひとりの子どもたちが安心して落ち着いた生活が送れるように、**〈基本的・日常的生活活動〉**にかかわるグループわけや空間づくりの工夫が試みられた実践を紹介します。朝、次々と保護者が出入りする時間や、配膳から「いただきます」までの時間って落ち着かないよねえ、どうしよう？ しっかりかまない子、野菜が苦手な子、どうしよう？……どの1歳児クラスでもありそうな問題について、担任同士で話し合い、給食室の先生とも協力してどんな取り組みがなされたのかをみてみましょう。

続く第2章では、食べる、寝る、お風呂に入る、乗り物に乗る、運転する、お世話をする……などなど、生活のなかで見たり、したり、やってもらったりしていることを「そのつもり」で遊ぶことを通じて、“イッショ！がたのしい”を実感していく1歳児の姿が描かれた実践を2本紹介します。幼児期に花開いていく「虚構と想像の世界」がどのようにしかけられ、そのなかで子どもたちの共感的知性や対話的な関係がどのように育まれていったのかを追ってみます。

第3章では、発達がゆっくりで1歳前半の発達的な課題をもつとみられる子どもたちについて、小グループ保育が週案に位置づけられることになった実践と、1歳後半児＆2歳児の混合クラスで、主張やこだわり、“ぼく／わたしをミテ～！”アピールまっさかりの子どもたちが、ぶつかりながらも“飽きるほど”くり返してごっこあそびを楽しむなかで“イッショ！ がたのしい”とつながっていく様子が描かれている実践を紹介します。さりげないエピソード記録から、自我が拡大していく十人十色の子どもたちの気持ちに保育者がどのように寄り添い、受け止め、クラス集団が育っていったのかを読み解いていきましょう。

第1章
新しい生活文化との出会いを楽しくていねいに

〈基本的・日常的生活活動〉での工夫と配慮

1 落ち着いて「食べる」「眠る」「遊び込む」空間づくり

実践 渡邉信生 東京・公立保育園

路地裏散歩が楽しい下町の保育園

東京下町の保育園で、園舎前は車両基地になっており、窓から電車が見えます。最近は、マンションも増えてきましたが、ちょっと路地に入ると、軒先に大小の植木鉢や金魚、亀などの水槽が置かれた民家が連なり、町工場の音が聞こえてきます。

この年の１歳児クラスは進級児９名、新入児５名、保育士４名でスタート！ 新入児と進級児でわかれて室内でゆったり遊んだり、園庭で砂あそびをしたり散歩に行ったりしました。また、手あそびやうたあそびの音楽をかけてみんなで口ずさんだり、ふれあいあそびをしてスキンシップを交わし、一人ひとりが新しい環境に慣れるようにゆったりと過ごしました。

子どもたちは新しい環境に慣れてくると、さっそくドアを開け閉めしたり、手の届くところにあるカゴを出したり、部屋の隙間や流し台におもちゃを入れたり、だれかが門をたたいて音をたてると他の子もやってきて音を出して笑い合ったり……と、おもしろそうなことがあるとすぐにまねする子どもたちでした。

身近な自然や事物に触れて友だちと共感したり、探索やからだを動かすことを楽しもうと路地裏散歩に何回も出かけました。電車に気がつくとみんなで指さして「デンシャ、デンシャ！」と言ったり、犬に出会うと「ワンワンいたね」と言って**出会った感動を保育者や友だちと伝え合って共感**することを大切にしてきました。

また、保育士がおばけやオオカミのつもりになって、大好きなマテマテあそびにちょっとしたスリルを加えてみんなで楽しみました。「こっちへおいで」という保育士の声でいっせいにあっちへ逃げたり、こっちへ逃げたり。でも、本当にこわくなって泣いてしまったり、泣きながら「イイコニスル」と言ってみたり、“あっちへいけ！”とばかりに本気になって向かってくる子もいました。しかし、最後は「カギをかけてがちゃがちゃ」とカギをかけたり、「ツノツノパワー！　エーイッ！」と言ってみんなでやっつけてひと安心⁉

その一方で、モノや場所の奪い合いなどでかみつきなども見られたので、保育士同士で声をかけ合って子どもたちを見守るようにしたり、ひとりあそびがじっくりできる環境を整えたりしました。そして、子どもたちの気持ちを受け止めながら「○○したかったんだね」と思いをことばに置き換えてあげたり、**“かみつき”を友だちへの興味・関心のあらわれととらえて**「入れてって言おうね」「○○ちゃんといっしょに遊ぼうね」などとその場にふさわしいコミュニケーションのしかたなどを伝えたりしてきました。

1）食べるとき、眠るときの居場所づくり

4月当初は、子どもの把握がしやすいように、高月齢児、中月齢児、低月齢児＋アレルギー児の3つのグループにわかれて、食事のときの**席を固定して一人ひとりの居場所をつくって**あげました。そのうち慣れてくると自分で席を見つけて座るようになっていきました。そして、各グループに職員が

一人ずつついて食事介助をしました。

園にも慣れた6月ごろ、高月齢児は、食欲が落ち着いてくると、だれかがお茶をこぼしたりテーブルをたたいたりしていたずらをはじめると、まねし合うようになってきました。また、高月齢児グループのリキくんとカズネちゃんが、席について食べはじめる前や配膳中の少し保育士が離れたすきに、隣の子をたたいたりつねったりのトラブルが続いたため、担任同士で話し合い、**夏すぎにグループ替え**をしました。そのとき、リキくんが手を出すことが目立っていたので、いっしょにいてもリキくんのまねをしてふざけたりしない、リキくんがケンカ相手にならないような子を同じグループにして、そのあとに他の子たちの席を決め、職員一人がひとテーブルずつ安心して受け持っていけるようなグループを考えました。

リキくんとカズネちゃんの席が離れたので、食事前のトラブルも減り落ち着いて食べられるようになりました。秋には、ふとんの場所も固定して、リキくんはお昼寝のふとんの位置をなるべく保育士のそばにしたり、また、眠りの浅い子、深い子などの場所を個別配慮して固定したりしていきました。そうすることで、子どもたちが自分でふとんを見つけてふとんの中に入るようになりました。それまでは、生活の切り替わりにトラブルが起きることが多かったのですが、食前やお昼寝前のトラブルも減ってきました。

point 「固定」することで「安心」を保障する

保育の構造の図（→46ページ）でいえば「第1の層」、生活文化と心地よい身体づくりにかかわる実践場面です。子ども同士のトラブルには、お互いの理解を深めたりあそびを発展させたりするきっかけにできるものも多くありますが、「安心できる居場所をつくる」というねらいのもとでは、決まった場面で日々くり返されるトラブルについては予防することが望まれます。

リキくんとカズネちゃんは“なんだか気になる”者同士だったのでしょう。その気持ちはあそび場面で結実させていくとして、ここでは、担任間の話し合いをもとにグループ替えをして「離す」ことになりました。イスやふとんの場所を「固定」することは、子どもたちの「自由」を制約するようにも見えますが、じつは、「自由にさせておく」ことが不要なトラブルを招き、子どもたちが「不自由」な思いをしているということもあります。自我を誕生、拡大させつつある子どもたちにとっては「自我の座を確保する」という意味で必要な手だてだったといえるのではないでしょうか。

2）牛乳パックで空間を仕切ってみると

室内にロッカーがあるので保護者が部屋に入って朝の支度をします。部屋に保護者がいると子どもたちも気になって落ち着いて遊べないし、登園した子どもの気持ちが切り替わりにくいことがあります。

そこで、部屋の中に牛乳パックで仕切りを作り、「ここで、お母さんにバイバイしようね」と仕切りを境に保護者と子どもの受け渡しをすることにしました。そして、仕切りの内側で子どもたちは自分たちのあそびをじっくりと遊ぶようにして、ロッカー側にいる保護者に気を取られないようにしました。つまり、ロッカー側は０歳児の受け渡し室のような役目をしていました。

仕切りの内側では、おもちゃが部屋中に散らばらないようにゴザを敷いて、その上で「ブロックあそびをしよう」などとコーナーを作りました。しかし、子どもたちがブロックの箱のまわりに集まると、その狭い場所でトラブルが起こったり、興味のあるあそびが見つけられないと部屋の中で走り回ってふざけ合ったりしている子もいました。そこで、落ち着いて遊ばせてあげたいと思い、夏すぎに、朝の受け入れがひと段落したら、ロッ

図　部屋を牛乳パックで仕切ってみる

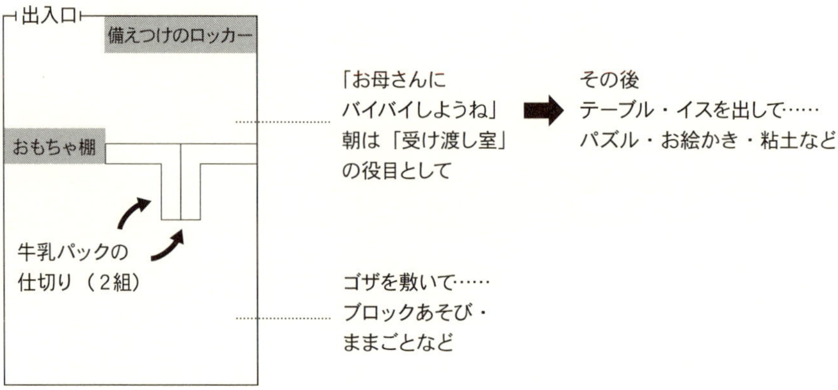

カー側にテーブルとイスを出して、パズルを出したり、お絵かき、粘土を出して遊んでみることにしました。ままごとやブロックをしたい子は、仕切りの内側で今まで通り遊ぶことになります。

こうすると、子どもたちも分散してトラブルも減るかな……と予想しましたが、意外に分散せずにトラブルが減りました。ロッカー側にパズルや粘土を出すとほとんどの子がパズルや粘土を「やりたい」と言って遊びに来て、ままごとには２～３人の子どもだけという状況も多くありました。でも、飽きると自分で仕切りの内側に戻って行ってままごとなどをする姿が見られるようになりました。

興味のあるあそびを見つけられなくて走り回ってふざけていた子たちも、自分のやりたいあそびを見つけやすくなり、みんなが十分に遊び込めるようになりました。

リキくんに関しては、あそびが見つからないと走り回り、他の子たちまで落ち着かなくなることがありましたが、パズルが好きだったので、そんな時、パズルに誘うとイスに座ってじっくりと遊び、他の子たちも自分のあそびに集中できました。リキくんには、保育士同士声をかけ合って、「今そっちに行ったから、先生お願いね」とだれかしらがそばについて見ていくようにしました。

point 「環境設定」に加えて必要な働きかけは？

「空間を仕切る」という方法が、子どもたちの気持ちの切り替えを支えたり、あそびの選択をしやすくするうえで有効であることがよくわかりました。感覚過敏のために騒がしいところがつらく不安になる３歳の自閉症児が安心できるように牛乳パックで囲む空間を作り、一日中かかわれるおとなを配置したところ、登園をしぶらなくなり、その場所から少しずつ他の友だちへの関心を高めていったという報告もあります[1]。

この部分の実践で一貫しているのは、「走り回ってふざける」姿というのは「あそびが見つけられない」状態であるという見方です **（→64・65ページ）**。その見方によって、子どもを否定的に見るのではなく、保育の方法を積極的に変えることができたのだと思います。そして、実際、この時期に発達してくる「道具を使う手」の力をあそびのなかで発揮できると、集中して落ち着く姿が見られるようになりました。

けれども、そうした環境を設定するだけでは必ずしも十分ではありません。とくにリキくんの場合は、手を使うあそびに向かいながら「できたね」「もう一回やってみようか」「今度は〜してみようか」などとあそびの展開を支えること、すなわち、子ども主導の自発的・偶発的なあそびをベースに、おとなが先導して「経験共有」「文化共有」の活動へと発展させて、対話的な関係をつくりだすことが必要だったのです。そのために担任同士が連携しているところが大事だと思います。

安心できる居場所ができたことで、それぞれの子どもが落ち着いてあそびを選び、遊び込める環境が整い、まわりの子どもにも目が向きはじめたようです。渡邉さんも、楽しさがより広がりつながるようあそびに積極的に入るようにしていきます。

3）まねっこが楽しい子どもたち

夏が過ぎ、みたて、つもりあそびや簡単なごっこあそびなどをさらに取り入れました。だれかがカバンをもって部屋の隅に入るとそれを見た友だちもカバンをもってやってくるようになりました。そこに保育士が入ってお出かけごっこや買い物ごっこに発展させてみんなで楽しんだり、お風呂屋さんやお医者さんの道具を出すと、子どもたちは数名でかたまり、お互いにまねしながら人形の衣類を脱がしたり、タオルで洗ったり、保育士も医者の役になって簡単なごっこあそびをいっしょに楽しみました。ブロックでケーキを作って「誕生日ごっこ」。「〇〇チャンモ」と次々にお祝いしてもらいたくて子どもたちが集まり、みんなでうたを歌って楽しみました。

くり返し同じところへ散歩に行くことによって、“ここに行ったら〇〇する”という見通しがもてるようになり、いつも行く民家の玄関前に行くとみんなで「ロビンちゃん」と子犬を呼んで、仲よしにもなれました。たまに出てこないと「イナイネェ」とちょっと心配。また、先を歩く子たちは、塀にかくれてあとから来る子をおどかして楽しみました。でも、“早くこないかな”とチラチラ顔を出すのでバレバレです。それでも「ワーッ」とおどかすとみんな驚いていました。

おばけごっこも「トントントン！」「ナンノオト？」とことばのやりとりを増やして楽しむようにしてきました。つもりあそびのおもしろさもわかってきたので、子どもたちも考えて「オセンベ、タベルオト」と答えたり、保育士が衣類で顔をかくしておばけになりきると、その隣でまねをしていっしょにおばけ役になっていた子もいました。

そんななかでリキくんは……。

友だちの力をかりて……！

砂場で砂山を作るそばからのぼりたがるリキくんは、欲しい物があると、ことばよりも先に手が出てしまうことがよくあります。そこに、砂山にのぼりたくてものぼれないレイちゃんがいました。保育士が手伝うのではなく、リキくんにお願いしてみようと思い、「レイちゃんが自分でのぼれないから、手をひっぱってあげてくれる？」と頼んでみました。

すると、砂山にいたリキくんは、こころよく手を伸ばしてひっぱりあげてレイちゃんを頂上に立たせてくれました。レイちゃんはうれしかったようで、あとでタイヤに入ってひとりあそびをしていた時に、「オイデ」とリキくんを手招き。自分のタイヤに入れてだっこしてあげ、2人で砂場の方を見つめていました。

後日、またみんなで砂山作り。リキくんは大胆にのぼって遊びました。レイちゃんはハイハイでしたが、自分の力でのぼれ、砂山の上で両足を広げて座り、「センセイ、ミテー！」と叫んでいました。

4）「カーミーちゃん」の登場！

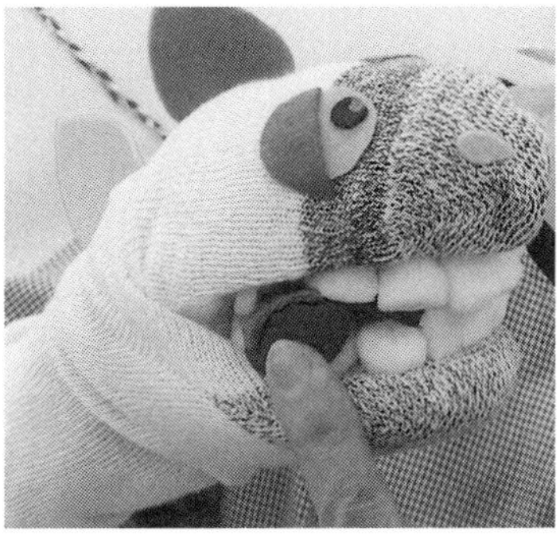
丈夫な奥歯でしっかりモグモグ

冬になって、栄養士が各クラスのきっ食状況を見に来てくれるようになりました。そのとき、栄養士は、「カーミーちゃん」と名づけた手作りの人形といっしょに来てくれました。時には、今日食べて

いる野菜を持ってきてくれて、野菜の名前を教えてくれました。カーミーちゃんは、口の部分が大きく開くようになっており、人形の前歯、奥歯がよく見えます。「奥歯でよくかんでね」と口頭で言ってもなかなか乳児には理解できないので、その人形を使って教えてくれました。

肉や魚がかめない子も、カーミーちゃんを見て、まねをして奥歯でかむようになりました。また、毎日いる保育士よりもそういう専門家が言うと入りやすかったと思います。カーミーちゃんが刺激になり、カーミーちゃんのまねをして奥歯でかもうとしたり、いつも、保育士が声をかけてもなかなか食べようとしない苦手な野菜でも、カーミーちゃんが来ると「みてて」と言って大きな口で食べたり、とてもいい刺激になりました。

point 生活文化の伝達も共感的・対話的に

いつもは給食室にいる「センセイ」が手作り人形といっしょにお部屋に来てくれるなんて！ 子どもたちにとってびっくりワクワクの経験だったことでしょう。カーミーちゃんの口はパカッと大きく開き、「歯」がとてもリアル。「食べもの」もかわいい手作りで、思わずいっしょに「あー」と口を開けそうになります。目を大きく見開いてカーミーちゃんの奥歯に注目する子どもたちの姿が目に浮かびます。同じ保育園につとめる異なる専門性を尊重しあい、うまく連携されていることにも注目です。

ことばだけでは理解しにくいから視覚的に……という名案ですが、それだけの意味にとどまるものではありません。生活文化の形成・獲得と心地よい身体づくりをめざす「基本的生活活動」に、人形という文化（財）を介する「文化共有活動」の要素が加わって、共感的な、対話的な関係がつくりだされているところも重要なポイントであるといえます。

5）気分は“おにいちゃん”“おねえちゃん”

幼児クラスのあそびのまねをして楽しもうと、運動会、お楽しみ会（劇あそび）、幼児組のごっこあそび、卒園式などの行事のあとには乳児クラスで交流しながらまねして遊んだり、幼児クラスとの交流も楽しみました。

ごっこあそびに参加したときは、「小さい子は無料だから葉っぱ（チケット）を入れなくってもいいよ」と言われても、大きい子と同じように葉っぱを入れてからごっこに参加したり、大きいクラスの劇やうたにあこがれてまねしたり、ブロックを鉛筆とボードにみたてて、毎日来る年長児の「人数調べ当番」のまねをするようになりました。

また０歳児には、トンネルの遊具の中に入ってニコニコ笑って「オイデ」と声をかけたり、部屋に戻るときも入り口までやさしく手をひいたりしていました。白衣（前ボタンのついている給食用の小さなスモックを乳児クラスのお医者さんごっこ用に使用）が脱ぎたくても脱げない子にボタンをはずしてあげ、「アリガトウ」と言われたアイちゃんが一言。「アイチャンハ、オネエチャンダカラ」。大きいクラスの子どもたちからは赤ちゃん扱いされてしまいますが、気分はおにいちゃん、おねえちゃんなんだなあと思いました。

そんな１月のできごとでした。

絵本を読んでもらうのは保育者!?

保育者が絵本を読もうとしたら、２人の子が絵本をもってきて保育者の隣に座り、みんなに読んであげるまねをはじめました。

すると、リキくんをはじめ他の子も次々にまねをして……保育者の絵本を見る子がいなくなってしまいました。そこで保育士が聞き役になりました。

１年をふり返ってみると、おとなや友だちと楽しさや発見などを共感し合う関係から、友だちへの興味につながり、まねしたりいっしょに遊ぶ関係に変わってきました。友だちを通して、自分ひとりでは気づかなかった楽しさや主体性の幅を広げていく１歳児たちですが、その前提には、安心してジブンを出せたり、受け入れてもらえるおとなとの関係ができることが大切だと思いました。

トラブルの多い子には、友だちとの共感的なあそびが少ないと考えてあそびの内容を確かめるものの、その場で何か教え込もうと迫ってしまったところがありました。けれども、友だちとのかかわり方を身につけるのは、トラブル場面ではなく、楽しい共感的な場面だということに気づかされました。

後半には、「イレテ」と言って仲間に入ったり、「アトデカシテ」「イイヨ」と言える姿も見えはじめました。“○○ちゃんと遊びたい”という仲よしの関係も生まれてきたので、全員に仲よしの関係が生まれるように、これからも、友だちと遊ぶ楽しさや“友だちっていいもんだよ”ということをさらに伝えていきたいと思います。

point 「子どもがやりたい」ことと「おとながしてほしい」こと

１年を通して、子どもと保育者、保育者同士、保育者と栄養士の間でていねいに対話的な関係が追求されている実践です。「その場で何か教え込もうと迫ってしまった」**（→70ページ）**こともあったけど、「友だちとのかかわり方を身につけるのは、トラブル場面ではなく、楽しい共感的な場面だ」**（→70ページ）**という気づきに大いに学ぶことができました。

子どもがやりたいことと、おとながしてほしいこととの間には当然ぶつかり合いもあります。子どもがその時にしている「自発的あそび」や「偶発的あそび」はもちろん尊重することが大事ですが、「自分が考えつくことしかできない」とつまらなくなるはず。冒頭にあったような、おとなが「おばけやオオカミのつもりになって、大好きなマテマテあそびにちょっとしたスリルを加え」る**（→62ページ）**ような「経験共有活動」や、夏以降の実践記録に増えてくる、「カバン」や「お風呂屋さんやお医者さんの道具」を間に入れてごっこあそびへと発展させるような働きかけ**（→66ページ）**が必要になります。「子どもたちの自発的あそび、偶発的あそび」と、「おとなが文化として伝えたい活動（経験共有活動、文化共有活動）」とは、ごっこあそびを楽しむ「虚構的知性」のなかで統合され、そこに「対話的な知性」が育っていくのだと考えられます。

「教え込もうと迫ってしまった」ときというのはおそらく、こうした対話的な関係にならなかったときなのだと思います。いつもいつも、はできなくても、“こうできるといいな”というポイントが保育者間で共有されているということが大事なのだと思います。

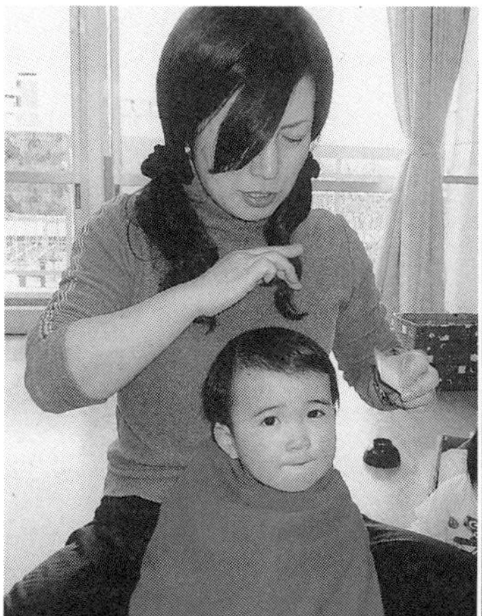

床屋さんごっこをしかけたのは保育者。肩かけの青い布が「そのつもり」になる重要な小道具となっています。２人の神妙な表情にも注目。鏡の前でできるともっとリアルになりますね。

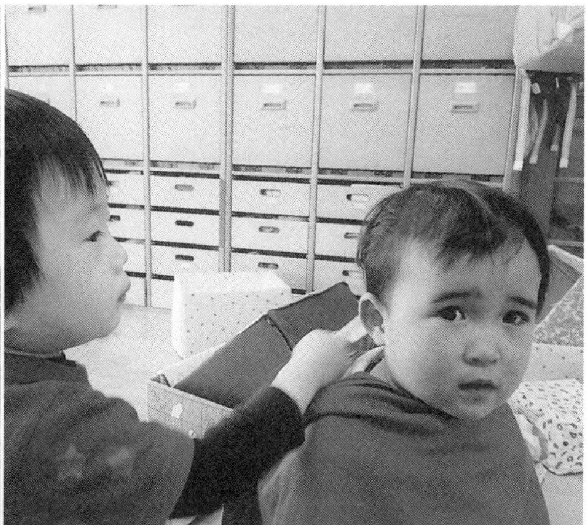

おもしろそうなことはすぐ広がって……手つきがなかなかサマになっています。こちらの「床屋さん」も真剣です。

column 2 「してもらう」生活から「自立」へ向けて

1 「ジブンデ！」切り替える

自我を誕生させた1歳児は、ことあるごとに「ジブンデ！」とことばや態度で主張するようになります。おとながやってしまうと、ひっくり返って怒ったり、わざわざやり直したりするので、ここは「急がば回れ」。時間がかかりそうでも、うまくできなさそうでも、一番手は自我の主人公に渡してジブンデさせてみましょう。すると、「その後」の援助はすんなり受け入れて、「次」に向かう気持ちの切り替えや立ち直りをみせてくれるでしょう。

「乳児」から「幼児」へと飛躍していく子どもたちには、「出して－運ぶ・渡す・入れる」といった手応えのある（この時期に大好きになる）活動をまかせて、「自立」に向けての芽を育みたいところです。具体的にはどのようにすすめていけばよいのでしょうか。ここではまず、京都・一乗寺保育園の葉賀美幸さんの実践から生活面にかかわる記録をみてみましょう。

●待ちに待った給食で

一乗寺保育園の2階には2クラスで3つの部屋があり、真ん中の部屋を0歳児クラスと1歳児クラスとでうまく活用しています**(→95ページ図)**。登園後の自由あそびから朝の集まりの「おはよう」への時間、昼食からお昼寝への気持ちの切り替えがしやすいように、真ん中の部屋を使って空間を変えることができます。

昼食は真ん中の部屋で食べることにしていて、エプロンは子どもたちが自分で探してとれるようにエプロン入れを用意しています。ご飯を食べる前にトイレに行き、手を洗ったあとに「自分でエプロンをとる」ことで自分からイスに座って待つ、という流れができやすいように思います。

保育士といっしょの手洗いもすませ、一番にご飯の部屋へやって来たゆきなちゃんは、配膳台のご飯を見上げながら「オッチン（座ること）」と、早々にイスに座りみんなを待ち構えています。

そこに、エプロン入れから自分のエプロンを探して手に握りしめながらイスへやってきたたまみちゃん。それを見たゆきなちゃんは自分の胸元を見て“はっ”とした顔で立ち上がり、あわてた様子で「プー（エプロン）」と探しに——。そしてエプロンを見つけるとニッコリ。「（アッ）ター!!」と知らせてくれたのでエプロンをつけてあげるとまたニッコリ。

ここでは、ご飯を食べる前の一連の基本的生活活動（トイレに行って、手を洗って、イスに座って、エプロンをつける）の中に「自分でエプロンをとる」という活動が位置づけられているところがポイントです。「目標をもって折り返す」力を獲得する1歳児にとって、エプロンを「ジブンデ探してとる」というアクセントになる活動（＝折り返す目標になる）を入れることで、トイレや手洗い、着席が、その「前後の行動」としてスムーズな流れになると考えられます。

友だちがやっているのを見て「ジブンモ！」と気づいたり、やる気になったりするようになる１歳児。そして、この「気づき」と「やる気」が、おとなになるまで続く「自立」への過程を支えていきます。それゆえに、「ジブンノことをジブンデする」だけでは飽き足りず、次のような姿が見られることになります。

２ “ドーゾしたい!!”どうつなぐ!?

◉小さな親切、大きな……

自分のエプロンをつけたゆきなちゃんは、部屋に入ってくる友だちやイスに座っている友だちに「プー！（エプロン）」「アイッ！」とエプロンを配ろうとしはじめました。

“どーぞ”と友だちの前に出して渡そうとするものの……受け取ってもらえず「プー」「ンー！」と眉をハの字にしながら、ひたすら友だちを追いかけるゆきなちゃん。

保育士と手をつないで、いっしょにあらためて「ドーゾ」と渡し、受け取ってもらえると、ゆきなちゃんの顔はまた、ぱぁっと明るくなっていました。

＊　＊　＊

ジブンノも大事！　だけど友だちのも!! と、この後「世話やき」がクラスでどんどん増えていきました。“大きなお世話”でトラブルのもとにもなるので、「友だちも自分で探すし、自分のだけでいいよ」と言いたいところですが、保育者が間をつないで“小さな親切”心が伝わるように……と汗だくになった夏でした。

「ジブンデとる」ことがアクセントになってスムーズに着席できていたのに――。でも、それは「自我の誕生」期の１歳児の姿。「自我の拡大」に向かう１歳後半の子どもたちは「モット！　モット！」「〇チャンモ！」と、ジブンノ世界を広げながら、友だちのモノやすることへの関心を高めていきます。「世話やき」さんたちの登場は、そんな健やかな自我の育ちの証。「〇ちゃんの（自分の）だけでいいよ」と言われて気持ちがおさまるはずもなく、なんとしてでも友だちに「ドーゾ」したい!! こんな時、どうすればいいのでしょう？

大変ですが、やはり、一人ひとりの間をていねいにとりもって、渡した子と受け取ってくれた子の気持ちが結べるといいですね。渡したい、配りたい子が多いので、仲よしペアを組んでおいて、互いに相手のエプロンを見つけて渡し合うというのも１つの方法です。２歳台の子が増えてくる後半期であれば、思いきって「おとうばん」を導入している実践も参考にしてみてはいかがでしょうか[1]。

３　２歳なかば――「イッショにジブンデ」

夏を越して、走ったり跳んだりのぼったり、しっかりからだを使って手先もずいぶんと器用になってくる子どもたち。「〇〇したら～～する」、イマーアトデ、というように２つの活動のつながりがわかり見通しがもててきます。

次に、１・２歳児混合クラスを担任した京都・朱い実保育園の坂本清美さんの実践記録を紹介しましょう。

自分で引き出しを開けて、着たい服を選んで自分で着ようとする（着る）姿が増えてきて、「してもらう」ではなく「手伝ってもらう」に変化してきました。自分でやりたい！　自分でできた！　お友だちのを手伝ってあげた！　と子どもたちの自信にもつながっています。

＊　＊　＊

●今日は先生、二人ぼっち……

机を運んだり、食事を運んだり、机をふいてみたり、手ふきタオルをたたんでくれたり、お手伝いをお願いすると「ぼくが……！」「わたしが……！」「じぶん一人でしたかった」などもめごとも起きますが、ほんとに一生懸命手伝ってくれます。

「今日は、M先生がお休みでー、K先生がおなか痛いねん、今日は先生たち二人ぼっちやねん……だれか先生してくれる？」とたずねると「ハイ！」と手をあげる子どもたち。

「でもなあ、先生やったらおしっこも自分でいかなあかんで～。たいへんやで～」と言われて、だんだん「なんでもできる！」気分になってきたうさぎ組さん。お茶を飲んでからイスの片づけ、子どもたちだけで運んでくれました。こぼしたお茶も台ふきを持ってきてふくミユちゃん。ユウタくんははりきりすぎ？　台ふきで自分の口までふいていました。

おしっこも早い早い！　いつもはなかなか行かないリエちゃん、タイチくんも一人でパンツをはきます。

２歳なかばごろになって子どもたちは、「してもらう」ではなく、「手伝ってもらう」に変化してきたとのこと。受け身ではなく、他者の手助けを受け入れながらジブンデ！　と「自立」しはじめたことがうかがえます。全部してもらうのではなく、ジブンだけでする（できないと崩れる）のでもなく、その「間」にあるのが、「自分でデキルことはしっかりやって、そのうえでデキナイことについては他者の力を借りる」という「自立（＝self-reliance：自己信頼）」のあり方だと思います[2]。ここには、デキル自分への信頼感とともに、“助けてくれる”他者への深い信頼感があります。

「ジブンデ！」という子どもの要求を受け入れてから、そのあとで「○○してあげようか」と援助の手を差しのべる、あるいは、「ヤッテ～」と甘える要求を「うん、いいよ」と受け止めてから、「○○は自分でやろうね」と励ます、といったていねいなかかわりをしてきたゆえの変化であると思います。

そして、友だちや先生のしていることを手伝ってあげたい！　という気持ちが高まってきます。「自分のこと」がちゃんとできるようになってから他者のことを……というのではなく、他者を手伝ってあげるなかで自分のことを自分でする、「イッショにジブンデ」する力を獲得していくことが大事なのではないでしょうか[3]。

“ごちゃごちゃ”時間での思い

食事のあとなど、子どもたちがごちゃごちゃとしているなか、おとなたちは片づけをします。狭いのに、子どもたちはわざわざその狭い空間のなかでごちゃごちゃと時間を過ごします。なんでわざわざ寄り集るんやろ～、とよく思います。それがどうも心地よさそうなのです。近くにいたいねん……という感じかな。子どもを見ながら片づけをするので、向こうに行っといてよ……と思うこともしばしば。前半期はこの切り替えの時間が一番大変でした。

でも、私たちが片づけている姿を近くで見たり、友だちや、保育者の近くでキャッキャと楽しんでいる姿を見ていると、このごちゃごちゃとした時間がとても大事に思えてきます。このごろは、「ここ、もういいか？」といって雑巾がけの済んだことを確認してからおもちゃの箱を押して遊ぶ姿も。

＊　＊　＊

子どもたちがスムーズに生活できるように流れや環境を整えることはとっても大事ですが、おとなの思いと子どもの気持ちにズレが起きることもしばしば。早くしないと……と無理強いするとよけいに時間がかかってしまいます。子どもたちといっしょにできることはいっしょにしたり、子どもたちの見ている前で一つひとつのことをすすめていくことがとっても大事なことだと思います。そのためにもおとな同士の連携が大事なんやな～と感じました。

「心地よい生活文化の形成・獲得と心地よい身体性の形成」をねらう「第１の層」の取り組みにおいては、「子どもの要求」と「おとなからの要求」がぶつかりがちです。さらに、昼食後から午睡までの「隙間」は、トラブル発生多発時間帯でもあります[4]（→第Ⅱ部124・161ページ）。過密状態にならないように、片づけがスムーズにできるように、「ちょっとあっちで遊んでて」と“交通整理”したいところですが、坂本先生は、ごちゃごちゃしながら一生懸命生きている子どもたちの目の輝きをとらえています。互いに「生活をともにする」共同生活者であり、子どもはおとなの背中を見てあこがれて育つんだ、という坂本さんの実感はまさに、人類の文化発展の原点とも言えるでしょう。

「子どもたちといっしょにできることはいっしょに」「子どもたちの見ている前で一つひとつのことをすすめていく」なかで、子どもたちの「自立」心が対話的な関係のもとで培われていくのだと思います。

1 大野真理「みんな大好き班活動～一歳児こぶた組の集団づくり」全国保育問題研究協議会編『人と生きる力を育てる―乳児期からの集団づくり』新読書社、2006年、pp.52-62
2 服部敬子「自立（self-reliance）の視点から考える集団づくり」『季刊保育問題研究』238号、新読書社、2007年、pp.122-125
3 田中昌人・田中杉恵・有田知行（写真）『子どもの発達と診断２ 乳児期後半』大月書店、1982年、p.194
4 西川由紀子・射場美惠子『「かみつき」をなくすために保育をどう見直すか』かもがわ出版、2004年

column 3　おとなも子どもも楽しい食事を

山口陽子　元京都・くりのみ保育園

「１歳児クラス」と言えば４月当初の子どもたちは、３月に１歳になったばかりの子がまだ離乳食を完了していなかったり、食べものの好き嫌いをはっきり自己主張する２歳に近い子がいたり、新入園児の中には家庭でどんな食事のしかたをしていたのかつかみにくいほど食事に気が向かない子がいたりと、子どもたちの個人差がはげしかったりします。おまけに保育者一人当たりの担当する子どもの人数も増えて「たいへん」というのが正直なところでしょうか。

だからこそおとなも子どもも安心して楽しく食事ができるということを、まず心がけたいと思います。そのために大切にしたいことを３つあげてみました。ご紹介しているそれぞれの実践例は、①②③に個別に対応しているわけではなく、実際には織り混ざっているのですが。

大切にすること①
家庭との連携をとり生活リズムを考えたうえで、食事時間のタイミングを見計らう

●登園時間もいろいろ

朝食をあまり食べないで７時に登園している子もいれば、朝食をたっぷりとって９時登園の子、あるいは９時登園に遅刻しそうなので朝食もそこそこに来ている子がいます。保護者の勤務によって、毎日登園時間の変わる子もいます。保護者の生活の多様化から、以前のように一律の生活リズムを保護者に要求するのがむずかしくなっているのが現状です。また、午前睡眠の必要な子もいます。眠たい時や空腹すぎる時には機嫌も悪くなり、楽しく食べられません。

●状況に応じてグループわけ

そこで早い時間から食事をするグループと、遅い時間からのグループにわけての食事開始とします。このグループのメンバーをほぼ固定できる年もあるし、メンバーは固定せずに「きょうは、A、B、C、D、E、F、G、Hちゃんが早く食べられるように（散歩先から）早く帰るグループにしよう」とその日の子どもたちの状態を見て決めている年もあります。

１歳児クラスの人数が年度によって違ったり、年度途中に入園してくる子がいたり、それにともない保育者の人数も変わるので、１グループの人数は状況に合わせるのですが、だいたい５人から８人ぐらいがめやすです（食事以外の場面でも１歳児クラスではこのくらいの人数での活動が適していると思います）。

●ゆっくりペースの子も

こうした工夫で、食事に時間のかかるミサちゃんも先に食べはじめ、あとのグループが食べ終わるころまでゆっくり落ち着いて食事ができました。また食べはじめるまで、なかなかエンジンのかからなかったアミちゃんは遅くからのグループですが、早いグループが楽しそうに食べているところを目にして、さっと手を洗ってテーブルに着くようになりました。

大切にすること②
食べたい意欲を大切にする

●すべての感覚を動員して味わう

０歳の時から、スプーンで与えられて口に入るのを待つ食べ方ではなく、まず食べたいものを手づかみで自分の口に運ぶことを大切にしてきました。このことで手で触った触覚や、口に近づいた時のにおい、口に入った時の感触などすべての感覚を動員して食べものの味わいを覚えていきます。手の力、唇、かみ取る力などを自分で調節して食べる力がついてきます。もちろんスプーンも出しておくので、自分でスプーンを使いたい子には、持ち方の援助もしながら使わせます。

●好きなものから渡してあげる

またすぐにでも食べたい気持ちに応えて、全員のお皿が配られるのを待ってから「いただきまーす」をするのではなく、手を洗ってテーブルに着いた子から目の前でおかずやご飯を盛りつけてあげて、一人ひとりのペースで食べはじめます。おかずが苦手そうな子には、まずご飯と汁物を渡すとか、おかずに夢中の子には、ご飯と汁物を少し遅れて出すとか、その子の好きなものをまず渡してあげるようにしています。

以前は、子どもたちが残しそうなものから渡していたこともあったのですが、食事の時間が楽しい時間であり、安心して過ごせる時間であるためには、まずは食べたい気持ちを大切にしようと考えています。

●食べたいものを食べたいだけ

ですから大げさに言えば「食べたいものを食べたいだけ」食べていいよという姿勢です。とくに全員が大好きなのは汁物。具だくさんで、ちょうど飲みごろか少し熱いかな、という適温で配膳される汁物は、「ふーふーして」「何が入っているのかな」とのぞき込むのもおいしさの素材のようで、汁物が目の前の置かれると、汁物に夢中になります。おかずがいかに大好物のものであっても、おかずはそのままに、まずおかわりは、みそ汁やすまし汁。「おちゅー」「おかわり」「もっとー」コールが次々にあがります。

また最近の途中入園の子の中には、白ご飯しか食べない子がよくいるのですが、そういう子は、汁物にもおかずにも手をつけなくてもＯＫ。白ご飯だけ、３杯～５杯食べて「ごちそうさま」になる子もいます。

●他のものが食べられなくならない？

気のすむまでおかわりするので、おとなの目からは、それでは他のものが食べられなくなるように見えます。けれども、好きなものを何度でもおかわりできる安心感と、まわりの子たちが何度もおかわりする勢いに、「それってそんなにおいしいものなの？」と、興味がわきはじめます。いつの間にか、みそ汁のお椀に口をつけるようになり、「おかわり」コールグループに加わっています。

たっぷり、汁物を飲んで、おなかも心も満たされると、他のことにも気持ちが向くようで、おかずを食べたり、「あっ！　これおいし

最初はスプーンで……
ええいっ、やっぱりこっちでパクパク

い！ 食べてみる？」の保育者のことばに、手をつけていないものも食べてみる気になってくるようです。汁物や白ご飯だけでなく、おかずもたっぷりおかわりを用意してもらっているのですが、さらにおかわりを給食室にもらいに行くこともたびたびです。

大切にすること③
いっしょに食べる友だち、おとなの様子がよく見えるようにする

●リキヤくんの心を動かしたもの

新入園児のリキヤくんが、園の食事には食べたいと思うものがほとんどないようで、いつも早々に席を離れます。ある日ロールパンが出されたのですが、みんなはいつものように先に配膳されたおかずに夢中で、パンに気がつきません。

そこで保育者が「こうやってポッチンてちぎって食べよう」と言うと、「ポッチン」の擬態語が気に入ったのか、テーブルを囲むみんなが、「ポッチンして」というようにパンを保育者に渡します。次々にちぎってあげると、あっという間にパンはなくなり、おかわりコール。

席から離れかかっていたリキヤくんも「ポッチンのパン」がおいしそう、みんなのやりとりの笑顔が、楽しそうに見えたのでしょう。いつもは小食のリキヤくんもこの日はパンもおかずもたくさん食べ、おやつのわかめおにぎりもめずらしくおかわりしていました。このように「他の人がおいしそうにしているから、楽しそうにしているから自分も」と、心動かされる場面は集団保育ならではの楽しさだと思います。

●手こぼしはおいしい

また、子どもたちが見た目だけでちょっと食べにくそうにしているおかずの時などに、「これ、手こぼし（お味見の意味の方言で手のひらにちょっとだけのせてもらうこと）してほしいひとー」と、おかわり用のてんこ盛りの皿から箸でひとつまみ見せようものなら、全員が、手のひらを上に向けて、「ここにのせてちょうだい」ポーズ。自分の皿にのっているものと同じものなのに、手のひらにのせてもらうもののほうがよほどおいしく見えるのでしょう。

ペロリと口に入れてから、また手のひらに「おかわり」。「はいどうぞ」「はいどうぞ」と大忙しになりますが、少したって、「ほら、このお皿にものってるやん」と言ってあげると、「へへへ……」とうれしそうに自分の皿の同じものに気づきます（みんなにつられて、手こぼししてもらって口に入れたはいいけれど、本当に嫌いなもので、口から出してしまうこともありますが、それはそれでよし、またの機会もあるのです）。

●年度当初は落ち着かなくて当たり前

年度当初などは、新入園児を迎えたり、部屋が新しくなったり、担任が代わったりと子どももおとなも落ち着かなく、安心できない要素もあります。以前から食欲がある子でも、まわりが気になってテーブルを離れることがあります。そんな時は、「あっ、これおいしい！　ちょっと食べていい？」とその子のお皿からおとながつまんで食べてみたり、おかわりの入っている皿から検食用の皿に大袈裟によそって、おいしそうに食べます。するとまた席に戻ってきて食事再開。

０歳児クラスの時よりは、おとなの人数も少なくなり、自分と、目の前の食べ物とに密着してかかわってくれる人を求めていることがうかがえます。食べることについて、執着心や経験が少なくて、すぐに席を立ってしまう新入園児も、食欲のある子がおとなと楽しそうに食べているのを見ると、「なになに？」と席に戻って来て、何かしらつまんでみようとする場面もよくあります。

●気長に構えておとなも安心

この月齢になって入園して来る子どもの多くは、家でもじっと座って食事している子はめずらしく、むしろ、ウロウロしながらの食事が習慣になっているのでしょう。そんな子どもたちには、家で見たこともない献立を前にじっと座って食べることを強制しても、苦痛に感じるでしょう。「あっ、これっておいしいんだ」「みんなといっしょに席に着いているとおもしろいことがあるんだ」と、だんだん思ってもらうようにしていけばいいのです。

一度席を離れてまた戻る「ウロウロ食べ」という行儀の悪い食べ方をさせていいのかと、端からは見られそうですが、担任みんなで話し合って「ウロウロ食べ」もそのうち減ってくるだろう、長い目で見ようということを確認し合えていれば、おとなも安心して保育ができます。おとなも安心して楽しく食事にかかわれることが、何よりも子どもが安心して楽しく食事することにつながるといえるのではないでしょうか。

このことは保護者にとっても「子どもが食べるようになっていくのが楽しい」「子どもの食べることにかかわることが楽しい」「子育てが楽しい」と感じてもらえることにもつながります。家庭との連携はとるものの、決してあせらず、現状からがスタートと考え、食べることが子どもにとってもおとなにとっても楽しい時間になるように、気長につきあうことの大切さは、他の保育の場面でもいえることのように思えます。

第2章
つもり・ごっこの世界で イッショ！がたのしい

「虚構と想像の世界」を
しかける工夫

1 “かむ”“ひっかく”ナツミちゃんを変えたものは？

実践 服部貴子 京都・M保育園

大きい集団……でも一人ひとりの自我をていねいに受け止めたい

M保育園は、産休明けから就学前までの145名定員の保育園です。この年の１歳児クラスは進級児10名、新入児４名で、４月当初から子ども14人に担任が３人という大きい集団となりました。

４月生まれのジュンくん、ソウタくん、ユカリちゃん、５月生まれのヒロトくん、アオイちゃん、６月生まれのトシキくん、７月生まれのハンナちゃん、カンタくん、８月生まれのダイスケくん、ワタルくん、９月生まれのナツミちゃん、アツシくん、11月生まれのサヤカちゃん、リサちゃん、レナちゃんで月齢は高い方ですが、このうちの５名は発達がゆっくりな子どもたちです（→第３章109ページ～）。

部屋の中では移動するだけでも圧倒されそうな人数のなかで、**子どもたちをおとなが動かすのではなく、“自分で動きたい”“自分から友だちにかかわりた**

い”という思いを大切に育て、小さくても友だち大好き、ぶつかり合って泣いてもみんなといると楽しい、「もっとしよ、もっかいしたい」と、**くり返し遊ぶことがおもしろい生活にしようというのが担任の願い**です。「自我」をいっぱい出して怒ったり、「いやや……」と泣いたりしても自分で納得し立ち直れる力がつくように、子どもたちの思いを受け止め気持ちよく次へ向えるような働きかけをしていきたいと思いました。

1)「ワケなくのかみつき」から「かかわりたい」かみつきへ

入園当初から、人よりモノに目が行きやすく、あちこち動いては目の前にいる子を次々にかんだりひっかいたりすることが目立ったナツミちゃん。日に日にきつくなり、１人、２人とかんでしまいます。はじめはワケもなく隣にいるだけで“ガブッ”。担任も「フウッー」……。ため息が出てしまうほど気分的に疲れてしまうこともたびたびでした。どうしても担任はナツミちゃんの行動を目で追い「あれ？ どこに行った……」と探してしまいます。なにか、ナツミちゃんにとって気持ちが発散できることはないものか？「かむこと＝悪いこと」でなく、何が原因なのかをつかんでいこうと思いました。「かむ」ことを前提に見るのではなく、**ナツミちゃんのよさを友だちの中であそびを通してふくらませてあげたい**と思いました。

ナツミちゃんに意識してかかわると抱っこを求め、ギュッと担任のからだをつかむと“ほっこり”して安心しているかのようでした。「もういいかい、まーだだよ」のかくれんぼに入ると声を出して楽しそう。「オニ」や「オオカミ」になってのつ**もりあそびも、くり返し遊んでいるうちに走りまわって友だちと自然にかかわれる姿**も見られるようになってきました。その時の表情は本当に柔らかく笑顔で響き合っています。朝のおやつの時間にはこんな姿も見られました。

「カンパーイ！」で響き合った気持ち

コップに入っているお茶でナツミちゃん「……ぱーい」とリサちゃんのコップに乾杯。

するとリサちゃんも「……あーい」とナツミちゃんのコップにコツン。
保育者「いいなー、ナツミちゃん、リサちゃんとかんぱーいしてたなあ」
すると……ナツミちゃん、次はダイスケくんに「……ぱーい」とイスから立ち上がって乾杯。
保育者「ナツミちゃん、みんなで乾杯できたな」
すると、ナツミちゃん、今度は担任に「……ぱーい」とイスから立ち上がってコップを持って乾杯してくれました。

この時のナツミちゃんのうれしそうな顔といったら！ いっしょの机に座っていた友だちと同じ場面、同じことを共有できたことで響き合っていました。かみつきも、「ワケなくのかみつき」から、友だちを求め、人とかかわるなかでの「場所やおもちゃの取り合い」へと変化してきました。ナツミちゃんも友だちが好きで、かかわりたいけれどお互いに欲しいものがいっしょだったり、同じところに行きたかったりでトラブルになることが増えてきました。

2）「お弁当バスごっこ」でつながる

『おべんとうバス』（真珠まりこ作・絵、ひさかたチャイルド）の絵本からはじまった「お弁当バスごっこ」。園庭の丸太にまたがって……はじめは、少人数でも、そのうちみんな集まってくるので、ことばのやりとりがおもしろいあそびです。

『おべんとうバス』
真珠まりこ 作・絵
ひさかたチャイルド

保育者「ハンバーグさーん」
ユカリ「はーい」と手をあげバスに乗る。
保育者「えびフライさーん」
ダイスケ「はーい」とやってくる。
保育者「たまごやきさーん」
アオイ「はーい」
……次々絵本に登場するおかずやおにぎりになってバスに乗りにきます。
保育者「あれ？ だれかいないよ……」
子「みかんちゃんや」
保育者「あっ、そうやった。みかんちゃんまだやったな……」
子「みかんちゃーん」と声をそろえていう。
保育者「これで、お弁当さんそろいましたか？」
子「はーい」と手をあげる。
保育者「お弁当バス出発しまーす」
みんなで「大型バス」のうたを歌い左右に揺れる……。
トシキ「もう、着いたでー」
ソウタ「おべんと、たべよー」
みんなで、丸太のバスから降り「いただきまーす」とお弁当を食べるまねをしました。

ナツミちゃんもこのごっこあそびが好きで、必ず乗ってきます。「バス」は園庭の丸太。みんなといっしょに左右に揺れ、本当にバスに乗ってるような雰囲気です。この時のナツミちゃんは近くにだれがいてもかんだりひっかいたりせずに、自分で運転したりうしろに座ってる友だちを確認したり楽しそうです。時には指さして「あっあっ」と“この人だれ？”と言ってるようなので「ソウタくんやな、アツシくんやな……」と伝えるとニッコリ笑っています。ナツミちゃんも友だちの中にいたい……楽しいあそびをしたいと感じているのだと思いました。

「かむ」からといってヒヤヒヤするのではなく、どうやってナツミちゃんが友だちとかかわり、あそびの中でつながっていけるのかを、おとなも子どもたちも含めてあそびを通して学びました。かみつきはあっても、その行為を止めて離すだけでなく、「夢中で遊んでいるとかみつくこともない」ことが実感できました。

ナツミちゃんがかんだあとの保育士のことばがけをまわりの子どもたちも聞いています。**「かんだらあかん」ではなく、「いたいな……悲しいな」「いっしょに〜したかってんな」とナツミちゃんが友だちとかかわりたいと思っている気持ちがまわりの子どもたちにも伝わるように働きかけています。**「お弁当バスごっこ」など、ナツミちゃんも絵本でのあそびになると来てくれるのでその場面から集団へ、仲間へとつなげてあげたいと日々くり返し遊んでいます。

point 「口」ではなく「気持ち」をかみ合わせる

できるかぎり未然に防ぎたいと保育者が気をつけていても、現行の「最低基準」にもとづく保育者の配置や部屋の数、広さでは１歳児集団のなかでどうしても防ぎきれないかみつきやひっかき。服部貴子さんも考察しているように、同じ「かみつき」であっても、その時どきで発達的な意味や子どもの気持ちは異なるようです。

視野にだれかが入った、というだけでかみついてしまう場合には、何か大きな不安や居心地の悪さを感じていることが考えられます。かかわりたいけどどうすればよいのかわからなくてカプッ、懸命に何かを伝えようとしたけれどもダメだったのでカプッ、欲しいものや場所が取りたくてカプッ……などなど、「ことば」を媒介とするコミュニケーションが「できはじめてきたけど十分ではない」時期、自我が誕生して拡大しはじめる時期に多く起こりがちです。

「ワケもなくかみつく」と思われる場合、その子の動きを「見張る」、ほかの子から離すことに意識が向きがちですが、「ナツミちゃんも絵本でのあそびになると来てくれる」**（→84ページ）**という服部さんの発見はとても重要でした。口で「かみつく」のではなく、気持ちを「かみ合わせる」ことができるように対話的な関係を成り立たせていくには、共通のイメージを楽しめるような「文化共有活動」が必要であると考えるのです。

3）「離す」のではなく「間」をつくる
――担任同士での話し合いと確認

かみつきは減ってきたものの、まだかかわりは強引でおもちゃや場所の取り合いでのトラブルはありました。その中でさらにナツミちゃんにとってどう働きかけたらいいのか？ 担任で話をしてみました。

・ナツミちゃんが自分で服を取りに行ったり、汚れた服をジブンのマークのついたバケツに入れに行けたときなど、「すごいな……ナツミちゃん、できたな」と一つひとつどんなことでも認めてほめてあげよう。
・「ジブンデ」できた……と感じとれるようにことばでも伝えよう。
・友だちから離すだけでなく、おとなも間に入り、ナツミちゃんといっしょに友だちの中で遊ぶようにしよう。
・ことばはあまり出なくても、「アー」と指さして教えてくれたとき、「あれは〜やな、ナツミちゃん見つけたん、すごいなー」としっかり答えていこう。

このようなことを確認し合ってから、ナツミちゃんは給食やおやつのお手伝い（割れないものを運ぶ）を喜んでしてくれるようになりました。「ありがとう」と言うとニコッと笑いうれしげな顔。次第にかみつきも強引なかかわりも目立たなくなり、他の子どものそばに行くと「離さなくては……」と思っていたのがうそのようになってきました。そんなある日のことです。

「間」をおいて気持ちにゆとり

持っていたおもちゃをハンナちゃんに取られて、たたいたりかんだりせず逆に悲しそうな表情をしているナツミちゃん。

保育者「ナツミちゃん、悲しかったな……」
ナツミ「………」保育者に抱きつく。
おもちゃを取ったハンナちゃんに、保育者「ナツミちゃん、悲しいって……あとで返してあげてな……」
すると、ハンナちゃんも少しの間待って、ナツミちゃんに返してくれました。

ハンナちゃんはしっかり会話も成立している子ですが、友だちに対してかかわり方が強引なところがありました。ハンナちゃんが返してくれたあと、「ハンナちゃんも欲しかったん？」とハンナちゃんの気持ちも代弁しつつ、ナツミちゃんにも「返してくれはってよかったな……」と声をかけ、取ったハンナちゃんの気持ちにも寄り添いながら働きかけていきました。**２人がお互いに少しの「間」をおくことで気持ちにゆとりが**持てたように思いました。

数日後、お母さんに作ってもらったナツミちゃんの牛乳パックのイスにリサちゃんが（色柄が似ているので）まちがえて座りました。それを見ていたナツミちゃんは保育者のところにきて「アッ、アッ」とリサちゃんが座ったイスを指さし訴えました。そこで、保育者が「リサちゃん、リサちゃんのおイスこれと違うかな？」とイスを見せると、リサちゃんはハッとした顔をしてナツミちゃんに座っていたイスを返し、２人並んで座りました。

以前なら、お構いなしでかみ、ひっかき、奪い取りに行っていたナツミちゃんですが、こんなふうに、「あれ？　チガウ」とちょっと待つ心の余裕が持てるようになってきました。

3人がつながった！

リズムのとき。ダイスケくんがこけて泣いていると「だいじょうぶ？」とユカリちゃん。その横にナツミちゃんが……。見ていると、ナツミちゃんがダイスケくんの頭をなでてあげ、なぐさめてくれる姿がありました。それも、心配そうな顔で。

そして、“お城のなかま”（丸山亜季作詞・作曲）という２人リズムで、ナツミちゃんと手をつなぎに来たヒロトくん。そこにカンタくんも来て、ナツミちゃんとヒロトくんの2人がどうするかを見守ることにしました。
　すると……ナツミちゃんがカンタくんの手をとってつなぎ、3人で輪になりました。ナツミちゃんがあとから来たカンタくんの手をつないでくれたことに驚き、3人が楽しそうに笑いながらリズムを楽しんでくれたことが印象的でした。

　人との関係づくりがむずかしかったカンタくんですが、友だちを求める気持ちがふくらみ、その気持ちをナツミちゃんに受け入れてもらえてうれしかったと思います。こういう経験を積み重ねて「人の気持ちに寄り添える」ようにつながれば……と感じた場面でした。
　生まれてまだ1～2年しかたっていない子どもたちでも、ジブンを主張し、「みててよ」とおとなを意識しています。子ども同士で響き合う、毎日の積み重ねがどんなに大事かが、一人ひとりの育ちを見ていてよくわかりました。モノの取り合いでのケンカ、思うようにならないことでのいらだちといったトラブルに対して、**否定的なとらえ方ではなく前向きになれることばかけで寄り添うことを見失わないようにしたい**と思いました。ナツミちゃんにかぎらず、どの子に対しても同じ気持ちで向き合う保育でありたいと思っています。

point 気持ちが「かみ合う」あそびの工夫

　入園当初のナツミちゃんは「ワケなくのかみつき」だった（→81ページ）ことから、しっかり抱きとめて安心できる関係づくりがまずは必要でした。「かんだらあかん」ことは、おそらく子ども自身も（かんだ直後に）気づくのではないでしょうか。だからこそ、そうした「注意」に重点を置くよりもむしろ、「いたいな……悲しいな」とかまれた子どもの気持ちにいっしょに共感し、「いっしょに～したかってんな」とかんだ子どもの気持ちを肯定的に意味づけ直した受け止め方をしていくことが大事なのだと思います。
　このように受け止めてもらって新しい生活に安心感がもてるようになると、次には友だちを求め、人とかかわるなかでの「場所やおもちゃをめぐるかみつき」へと変化しました（→82ページ）。そこで、「気持ちがかみ合う」ように、その場所やおもちゃを「媒介として」つながる関係がつくれる楽しいあそびが求められるようになったのです。「保育の構造」（→46ページ）との関係でいえば、

１対１のだっこで安心感を積み重ねる「心地よい身体性と安定した居場所を保障する生活」（第１の層）が土台となって、次には「共感的知性」を育むことを意識した「経験共有活動」（第２の層）がナツミちゃんにとって重要になったということです。

「夢中で遊んでいるとかみつくこともない」**（→84ページ）**という実感は説得力があります。それだけでなく、友だちのことを心配したり手をとって輪になったりするようにもなったナツミちゃんの変化に、意図的にあそびをしかけること、保育者同士が確認し合って意識的にかかわり方を工夫することの大切さが学べる実践だと思います。

道具がとりもつ友だちの輪っ！
プールでもこうした道具を取り入れるとつながって遊ぶことができます。
ビート板をお盆にみたてて ままごとあそびも……**（→コラム⑦ 150 ページ）**

column 4 「かみつき」が止まるとき

０歳児クラスの後半から１歳児クラスにかけて頻発しがちな「かみつき」や「ひっかき」。昨今のように、待機児解消のために定員オーバーで「超過密」状態を強いられているクラスでは、通りすがりにガブッ、こっちで対応しているとあっちでもガブッ、という悲劇の連鎖も起こりやすくなります。物理的な改善条件として、ゆとりのある空間と十分な目配りができる保育者配置（１クラスの人数減）を求めていく必要があります。

とはいえ、物理的な条件の改善を待っているわけにもいかず、今できるかぎりの工夫をするしかありません。かみつく子、かみつかれる子の関係が固定化して、保護者同士の関係が悪くなることもあるだけに、近づいたら離す、「とりあえず隔離」策がとられることもあります。ただ、そうした応急措置だけではなかなか事態が改善しないのも事実です。

そこで、２つの実践から対応方法について考えてみたいと思います。１つめは、東京・T保育園の渡部洋子さんの実践です。

１「つながりあそび」を工夫してみました

１歳児ひよこ組は４月生まれから２月生まれ（男児４名・女児６名）の10人。担任は、正職２名プラス臨時の保育士（６月まで）の３名です。

はじめて集団に入ったマコトくんは、マイペースでみんなと違う行動をする月齢が低い男の子たちの行動が気になってしかたがありません。登園するなり大きな声で威嚇したり、気になること（泣いたり、ぐずったり……）があるとかみつく、突き倒すなどの攻撃的な行動が目立ちました。そして、昼寝の時間帯は神経質になり抱っこでようやく入眠し、30分で泣いて起きてしまう日々が２ヵ月近く続きました。かみつきが頻繁にならないよう、**少人数にわけて遊んだり、必ず近くに担任がついてあそびをつなげるなど工夫**しました。何かされたわけでもなく、いらだちから隣にいた子の耳をかじることもあり、「見守り」から「見張り」になってしまうこともしばしば……、お互いによくない関係になりつつありました。

どういう場面でかみつきが起きるのか、どの子がかまれやすいか、なぜイライラしているのか、アレルギーのせいか、家庭環境のせいか……など毎日担任同士で話し合いました。とにかく未然に防ごう、かみつきがあっても大きな声を出さないこと、注意は本人にそっと１回だけ、かまれた子にはていねいにケアし、２回以上重ならないように！ というもので、このような対応を続けるなかでなんとか方向性を見つけたいと必死でした。マコトくんに、つかず離れず、帰るとホッとする毎日。

このころ、相棒の保育士は、“マコトくんは自分を守るためにまわりに対して攻撃的、衝動的な性格なのだ”と思っていたようです。私は、**“この子は、こうだ”と判断するよりも、この集団の中でみんなに大事にされ、みんなを大事にする存在になってもらえるような手だてを考えようと提案**しました。

そこで、渡部さんは、「じゃれつきあそび」で思いっきり体を動かして楽しくスキンシップをしてエネルギーを発散したらおさまるかも!? と考えました。ところが、はじめてみると——盛り上がってテンションが上がりすぎてまたガブッ。楽しすぎてトラブルが続出。しかたなく、「じゃれつきあそび」はいったん休止することになりました**(→第Ⅲ部158ページ〜)**。

そんなある日のこと。

●あこがれの友だちとイッショに

5月に入って自分を主張するようになった8月生まれのホノカちゃんは人形やものを持って1人でおしゃべりをして遊んだり、友だちと遊ぶのもじょうずです。ケンカになる前に「なにそれ？」という顔をしてアハハハーと笑うと相手もアハハっとなってまたあそびがつながるのです。

5月下旬のこと、昼寝を拒否したホノカちゃんにマコトくんがくっついていきました。2人は、スプーンとカップを持ち出して、部屋のはじっこでままごとをはじめました。いっしょに食べたり食べさせたり……20分近く楽しそうに遊んでいた2人は、もちろん満足。

そっと見ていた私たちも、「こんなふうにマコトくんが遊べるんだなぁ」と反省。じっくり水あそびする姿もあり、**一面的な見方を変えて、楽しくかかわりたいという思いにできるだけ寄り添うように！ と仕切り直し**ました。担任同士気づいて少しだけ見通しがもてたようで、「見張り」が「見守り」へと変わっていきました。

落ち着いてじっくり楽しく遊べるときにはかみつきが起こらない、かみつくときもきっと楽しく遊びたいと思っているはず……。ともすれば見失いそうになっていたマコトくんの姿、気持ちでした。ここで、渡部さんに聞いてみました。

Q 「見張り」と「見守り」はどんなふうに違うのでしょう？

A 「見張り」は緊張感を生むだけですが、「見守り」は、よく観察し、手助けできるところを見つけて次につなげることができるのではないかと思います。

――なるほど。「昼寝を拒否」したホノカちゃん、ついていったマコトくんたちを無理に連れ戻そうとせず、２人の様子を「そっと見ていた私たち」という記録に、あたたかく見守るまなざしやチームワークを感じることができます。

●つながりたい思いに寄り添って

一番月齢の高い好奇心旺盛なナホちゃん。うたやリズムあそびがじょうずでマコトくんもよくいっしょにやっています。

涼しかった８月、ナホちゃんが「モシモシ、カメヤッテ」とリズムあそびのリクエストをしたので、**いつものリズムあそびにちょっとプラスして「つながりあそび」を！**と考えました。

まず私とナホちゃんとでトンネルを作って、マコトくんが電車の先頭になって、うしろに友だちをつなげ、トンネルをくぐって電車ごっこ。楽しそうな様子を見て他の子どもたちも２、３人でつながって、♪センロハツヅクヨドコマデモーとうたをまじえてあそびが盛り上がり、とっても楽しいひとときを過ごしました。

また、おもちゃ箱を運ぼうとすると、すぐにみんなやってきて「ワッショイ、ワッショイ！」。もちろん、マコトくんもいっしょにやっています。毎回おみこし状態になりますが、ケンカを恐れずかけ声を元気にやります。手をつなぐのも大好き。**通り魔的に友だちをたたこうとする手をサッとつながせると急に仲よしに**なって手をつないだまま別のあそびに行くこともあります（笑）。

こんなふうに友だちと楽しくつながれるようになると、マコトくんも落ち着いてきました。そこで、じゃれつきあそびを再開したところ……ガブッとしようとしてアラッと担任を見たり、ひどくはかまなくなったそうです。

家庭環境はさまざまな子どもたちですが、クラスのなかでは、自分を主張しながら１歳児の世界を十分に楽しめるようにしたいと考えています。早くできることばかりでなく、１歳児期だからこそできる体験にたっぷり時間をかけていく集団づくりを目指して日々、子どもたちといっしょに生活しています。かみつきやはげしい行動に振り回されることが多い１歳児ですが、行動の表面だけでなく、背後にある思いと子どものもつ力を信頼して、何より「笑い合える保育」を実践する楽しさと大切さを実感しています。

渡部実践のキーワードは「つながる」。その場のひらめきでさっとトンネルを作ったり、(ケンカを恐れず) かけ声をかけながらおもちゃ箱をみんなで運ぶようにしたり、通り魔的に友だちをたたこうとする子の手をさっととって手をつながせてみたり……と、子どもたちの「間」がうまくとりもたれています。

1歳児にとって、他者とかかわる「間」ができてくることは、「対話的知性」の育ちとしてとても重要な変化です。かみついたりたたいたりしてしまう子の場合、自分でうまく「間」をつくれない(ことばやおもちゃ、イメージを間に入れてかかわるのがむずかしい)ことが多いのですが、友だちと「つながりたい」思いはもっています。だからこそ、その「間」をつくりだすような「経験共有活動」や「文化共有活動」を意識的にしかけていくことが求められます。魅力的なみたて・つもりのイメージ、うたや道具(おもちゃ)について、実践の知恵を出し合いたいですね。

2　気持ちを代弁し続けて……

京都・一乗寺保育園の葉賀美幸さんのクラスでも、前半期はとくにトラブルが続きました。葉賀さんの保育記録から、「かみつき」場面にまつわる保育者の悩みとかかわり方、子どもの様子を見てみましょう。

●なんでなん!?

……時にはひっかきやかみつきで、赤黒く腫れた傷あとや、血のにじむような傷あとを作ってしまったこともあります。正直、“またやってしまった……”とため息もつき、“なんでなん!?”と思うこともありました。それでも、ぐっとそんな気持ちを抑えて、まずはかむこと・ひっかくことが決していいことではないことを伝えながら「○○したかったんやなぁ～」「あむー(かむこと)しなくても、○○って言ったらえぇんやで」「つぎは“かして”って言えるといいね」など、両者の思いをおとなが代弁して子どもたちそれぞれをつなげながら、同時に、時にはその子を抱きしめることもしながらお互いの気持ちに寄り添うことを大事に生活してきました。

＊　＊　＊

「かみつき」はモノの取り合いがきっかけになることも多いので、もも組では一人ひとりの「個人持ち人形」を保護者に手作りしてもらっています。ごっこあそびで使ったり、心の支えになったりしてトラブルを防いでくれている人形なのですが(→第Ⅱ部95ページ～)、10月のある日、こんなことがありました。

＊　＊　＊

●ハッと思い出した「ヨシヨシ」

夕方の自由あそびの時間、子どもたちはそれぞれダンボール箱の中に、自分のお気に入りのおもちゃを入れたり、個人持ちの人形を入れて部屋の中を押しています。はづきちゃんもまた、自分の人形と部屋に出ていたブロック数個をダンボール箱の中に入れてかけ回っていました。

と、そこにおもむろに走って近づいてきたのはだいごくん。はづきちゃんのダンボールの中からはづきちゃんの個人持ちの人形をサッとつかみ取り、走って逃げていってしまいました。

「アー!! ハーチャンノー!!」とはづきちゃんはその場で叫び、じだんだを踏みながら大粒の涙をポロポロ。「カエシテー」。涙を浮かべながら言い続けます。だいごくんはというと、はづきちゃんのそんな様子を少し離れたところで見ながらも、人形を返しにはきません。

そこで、「だいごくん、それははづきちゃんの大事な人形やし、返しに行こう」。そう言ってだいごくんの手を取り、泣いているはづきちゃんのもとへ行きました。すると「(ハ) イ！」。だいごくんはスッと人形をはづきちゃんに差し出し、きょとんとした顔をしています。そして、はづきちゃんが手を伸ばしその人形を受け取ったのを見ると、くるっと向きを変えてまた違うあそびのほうへ……。

と、そのとき、急にだいごくんがハッとした顔をしたかと思うと、もう一度はづきちゃんのほうへ、からだの向きを変えて近づき……「ヨチ（シ）ヨチ（シ)」、そう言いながら頬に大粒の涙のあとが残っているはづきちゃんの頭をなでていました。そうして、なで終えるとまた違うあそびのほうへ去っていきました。

このあとで葉賀さんは、「保育者として日々大事にしているかかわり方が子どもたちに確かに伝わっているんだ……と実感できたできごとでした」とふり返っています。毎日の生活のなかでくり返していることばかけは必ずしも「即効薬」ではなく、「これでいいのかな……」と悩みながら対応されてきたことがうかがえます。

この場面で、だいごくんはどうしていきなり、はづきちゃんの人形をとっていったのでしょう？“はづきちゃんの人形いいなぁ”、“はづきちゃん、みて～、遊ぼー”、“同じことがしたい（けどできない)”、“センセイ、みて～”……という感じでしょうか。

このとき、だいごくんはまだ2歳前で、自分の気持ちをことばであらわすことはできません。「どうしてとるの!?」「だめでしょ！」と問いただしたり、強く注意したりするよりも前に、まず「はづきちゃんの大事な人形」だということを伝えて、とにかく「返しに行こう」と手を取って「間」をつないだかかわりがよかったように思います（4、5歳児でも、気持ちをことばにしにくくトラブルが多い子どもの場合、「どうして!?」「だめでしょ！」と強く迫ると状況が悪化しがちですね)。

「○○したかったの？」「そう、でも☆ちゃんは□□だよ」「だから○○しようね」と、当人の気持ち、相手の気持ちを代弁して、「どうしたらいいか」がシンプルに伝わるように、ことばを選んで“イッショ”にふさわしい行動をしていくことが大事なのではないでしょうか。

2 “おんなじ”世界をていねいにふくらませる

実践 葉賀美幸 京都・一乗寺保育園

部屋も担任も変わって「はじめて」づくしの4月

一乗寺保育園は定員90名の保育園です。園舎は1階に、2・3歳、4歳、5歳児クラス、2階に0歳、1歳児クラスの保育室という造りになっています。1歳児クラスもも組は、在園児14人（うち1人は2度目の1歳児クラス)、新入園児4人で18人という構成です。4月生まれから3月生まれまで、月齢差はじつに12ヵ月。保育士は0歳児クラスからの持ち上がり1名を含む正規職員3名と非常勤職員の計4名。子どもたち一人ひとりが「もも組」というクラス集団のなかで、ほっこりと落ち着いて安心してジブンの気持ちを出せるような生活を大事にしていこうと確認しあいました。

これまで、1つの部屋で寝食をいっしょにしていた0歳児クラスの保育室とは違い、1歳児クラスの部屋は保育室の隣にトイレ、そして、おもに食事の時に使う部屋（0歳児の部屋との間にある）があります。保育室自体も広くなりました。2部屋があることで、活動によって部屋を変えたりできるようになったため、子どもたちの動く範囲もますます広がります。0歳児クラスの後半から夕方を中心にもも組の部屋にあそびに行き、1歳児クラスとの交流もしていました。しかし、この部屋を中心として生活することと短時間過ごすのとは、やはり違います。

広い保育室、子どもたちが自由に出ることができるベランダ、子どもの手でも開けやすくなったロッカー。そして“自分たちで出せるように”と子どもたちの手の届くところに収納するようにしたおもちゃ……などなど。気になるモノ・場所がいっぱい！　そして新入園児４人にとってはすべてが「はじめて」という空間です。部屋も変わり、担任も変わり、生活する環境が一気に変わった不安もありますが、とにかくまずは部屋の探索活動からはじまった４月でした。

１）「自分だけの人形」を
――一人ひとりの思いを大切にするために

０歳児クラス後半の子どもたちのあそびの中の様子には、眠たくてふとんに入った友だちをトントンしている保育者の姿をまねて自分のふとんや友だちをトントンして遊ぶ姿がありました。友だち、または、ふとんだけのトントンからどんどん発展し、保育園のぬいぐるみをごっこ用のおもちゃのふとんにくるみトントンしたり、赤ちゃんにみたてて遊ぶなど、その様子はだんだん豊かになっていきました。

図　２階にある１歳児もも組と「真ん中」の部屋　（編者服部作成）

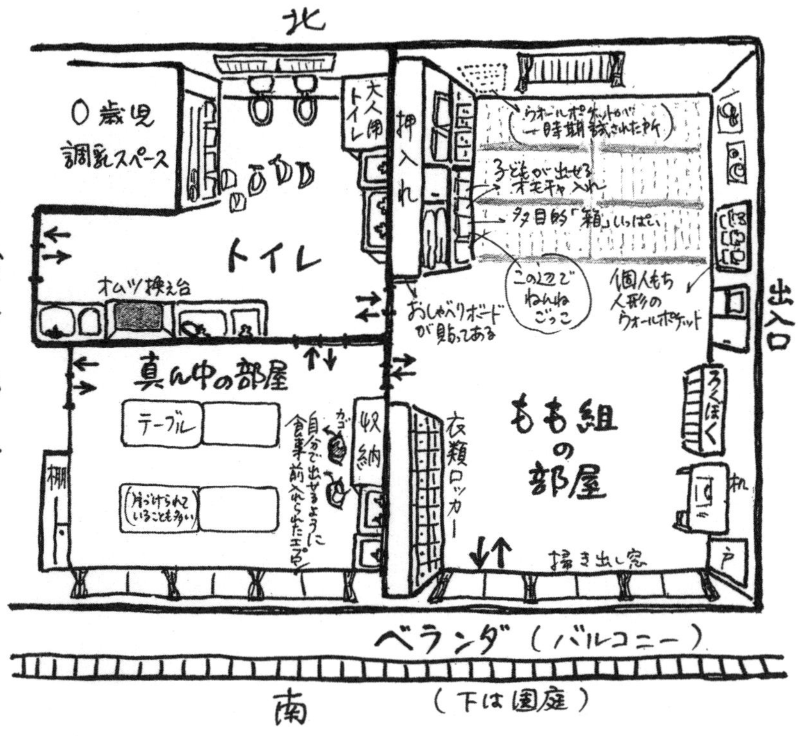

そして、そうやってトントンするあそびが広がっていくにつれ見えてきたのは、それぞれお気に入りの人形が出てきたり、数が限られている保育園の人形をめぐって次のようにぶつかる姿でした。

・友だちが遊んでいる姿を見て“ジブンモ！”とやって来たのだけれど人形がなくて遊べない。
・おもちゃで遊ぶよりはそれを確保しておきたい気持ちが先立ちウロウロしてしまう。
・友だちが人形をめぐってもめている姿を見てサッと離れて行ってしまう。

せっかく昨年度から楽しく広がりも見せはじめたあそびの姿を1歳児クラスでも保障し、大事にふくらませていきたい。そんな思いから、4月のクラス懇談会で、次のような文章とともに保護者の方に個人の人形作りをお願いしました。

もも組　保護者のみなさんへ
　日々のあそびの中で、ぬいぐるみの置き場所を指さしたり、保育園の人形を自ら出してきてぎゅっと抱いたり、おふとんに入れてトントン（寝かしつけるまね）……。ぬいぐるみにご飯を食べさせるまねをして遊んでいる姿・様子があります。そしてまた、あそびの中で「ジブンノ！」「ジブンモ！」という思いもますますふくらんできており、こだわりをあらわすようになった子どもたちです。子どもたちの「ジブンノ！」という思いや、今大好きなあそびをもっともっと広げて生活をしていきたいと思い、個人の人形作りのお願いをしたいと思います。自分の人形と遊んだり、時には心の支えにしながら、大好きな「人形」と「あそび」を生活の中でもっと楽しんでいけたら、と思いますのでご協力お願いします。

個人の人形に関して保護者にお願いしたことは次の3点でした。

①人形は人でも動物でもなんでもかまわないが、子どものわかるものを。
②人形には名前をつけて子どもたちに渡すこと。
③誤飲などを防ぐため、できるだけビーズやボタンの使用を避けること。

そして、参考のために型紙と人形の作り方が書いてある資料を配布しました。人形作り自体はここ数年、本園の１歳児クラスでは毎年取り組んでいることなので、前年度の１歳児クラスから人形を借りて実物を見せながらお話ししました。

個人の人形を置くにあたって担任間で意思統一したことは次の４点でした。

①人形は子どもたちが好きなときに自分たちで取りに行けるものとしよう。
②保育者も人形の名前を呼んでいこう。
③人形はその持ち主を一番に優先にして遊んでいこう。
④人形はその都度、家に持ち帰っても園に置きっぱなしでもどちらでもよい。その子にまかせよう。

こうして保護者の協力のもと、個人の人形をあそびの中に取り入れ、５月末から遊びはじめました。それぞれに名前をつけ、収納としては「おうち」にみたてるようにウォールポケットをつくり、「おうちにおいとこうね」と片づけを声かけするようにしました。

「自分だけの人形」がとりもつあそび

１歳児の部屋には押入れの下に子どもたちがもぐり込んで遊べるスペースがあります。今日もそのスペースを中心に「寝かせつけごっこ」がはじまりました。

おんなじようなことが楽しいね！

押入れの下に人形を抱えてもぐり込み、「トントン♪（寝かしつけること）」人形を赤ちゃんにみたてて歌いながら寝かしつけるまねをしているのがはづきちゃん、かなめちゃん、あんなちゃん。その隣で、ゴロンと寝転び、友だちにトントンされているのがアダマくんで、そのまた隣で保育士が歌うのに合わせていっしょにうただけ歌っているのがつむぐくん。そして押入れから少し離れた場所でそっとうたに合わせて人形をトントンしているのはゆきなちゃん。

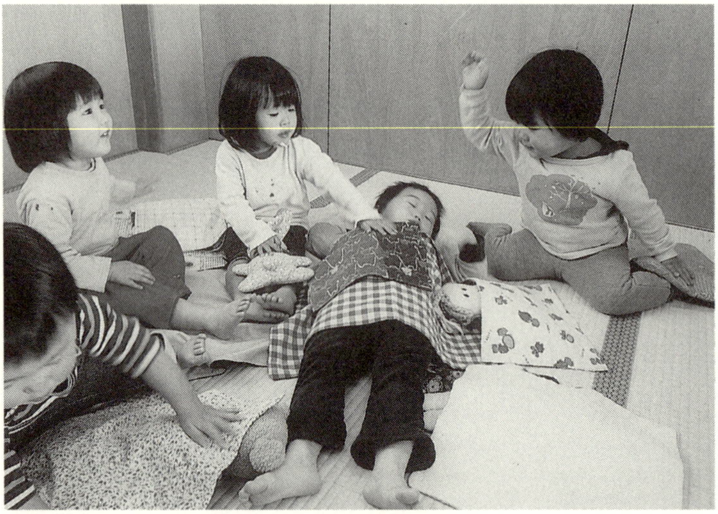

♪ねーんねーんーころーりーよ～　「お母さん」がいっぱい

そんな様子を自分の人形を片手ににぎって立ち、保育士のそばで何をするでもなくひたすらじーっとうたが終わるまで見ていたのがわこちゃんでした。「ねんねんする？」と保育士がわこちゃんの人形を寝かせ、あそび用のふとんをかけると、わこちゃんはその場にしゃがみ込みました。そして保育士がうたを口ずさみながら人形をトントンしはじめると、うたに合わせてからだを揺らしながら、じ～っと見つめています。うたが終わると保育士の顔を見て“にぃ～っ”と笑っていました。

小さなかわいい人形たちにまぎれて、大きなからだの男の子がゴロンと横になって寝かせつけてもらっている様子に保育者一同大笑いでした。まねっこ大好きで、このほかにも絵本を読むまね、オムツを替えるまね、食事をするまね……と、会話の内容とともにバリエーションが増えておもしろくなっていきました。

point　みんな「ジブンノ」もので安心して遊ぶ

場面記録にくわしく描かれているように、「自分だけ」の愛着ある人形を媒介として、子どもたちのつもり・ごっこあそびがつながっています。“人形－お母さんたち”の組み合わせの隣に、“大きな赤ちゃん－お父さんたち”、少し離れたところでトントンするゆきなちゃん、人形を片手にじーっと見ていたわこちゃん……と、うたや人形（文化財）がほっこりした共感的・対話的な関係を生み出しています。友だちとイッショを楽しむために１歳児が必要とする[2]「共通の動作」がうまく引き出されています。

一人一つずつ数は足りていても、他の子が持っているモノが欲しくなってしまう１歳児。取り合いのトラブルになると、「自分のもの」にすることが目的になって「遊ぶ」までたどりつかないこともあるでしょう。保護者に作ってもらった「自分の人形」は、保育園に来るのが遅れても、トイレに行っている間に寝かせておいても、"「○ちゃんのね」と確保してもらえる"という安心感をもたらしてくれるようです。

じつは筆者はこのクラスで人形を作るように依頼された保護者の一人です。「ジブンノ」ものへのこだわりが出てくる時期とはいえ、"自分から選んだこだわりの一品"ではなく、親から与えられた人形が本当に子どもの「支え」になるのかどうか？ 半信半疑のところもありました。途中入園したこはるちゃんの姿を通して、この取り組みについての考察をもう少し深めてみます**(→コラム⑤105ページ〜)**。

２）おばけちゃんと楽しむ運動会

夏に思いきりプールで楽しみ、心もからだもぐん！ と大きくなったように感じるもも組の子どもたち。**運動会に向けてどんなことをしようか？ と担任同士で話し合い**ました。

月齢差が12ヵ月あって運動面でも差がある18人。それぞれのいい姿をどう見せていくのか？ ということはなかなかの難題です。でも、リズムについては、ホールで子どもたちがニコニコと取り組んでいる姿があり、とくに友だちを誘って楽しんでいたこと、毎日の保護者との会話の中で、「家でも帰るとリズムをよくやっている」という姿も教えていただいたこと、体操は夕方などの時間にＣＤも利用し遊んでいたことなどから、**「おばけちゃんに会いに行こう」というストーリーのもと、リズムと体操に取り組んでみることに決め**ました。

なぜ"おばけちゃん"になったのか？ 年度はじめからの"伏線"をふり返ってみます。

なんでおばけちゃん？

4月、5月。はじめは「おばけ」なんてことばはあそびの中でも出てきていませんでした。そのころこわかったのはオニ。幼児クラスにあったカラス天狗のお面や、オニや天狗の絵もこわがっていました。何かこわいこと、おそろしいことをあらわすときには「オニダゾー！」。アダマくんは人差し指だけ伸ばした形の両手を頭の上につけてオニのポーズ。保育士がこわがるまねをすると、ちょっと得意そうにニコニコ。そんな様子にひっぱられるように、オニのポーズをしていっしょに遊ぶ子どもたちも増えていきました。

6月ごろ。少しずつ長い話も聞けるようになった子どもたち。月齢によっても違いますが、朝の「おはよう」(朝、みんなで集まって1人ひとりの名前を呼んで出欠を確認しあい、うたやお話を楽しむ時間）でも4～5冊の本は確実にみんなで見ることができるようになってきました。このころから紙芝居や、少し長めの絵本もおはようの中に取り入れはじめました（読む絵本の中には保育士手作りの絵本も取り入れていきました)。そのうち好きな絵本も出てきました。「○○読もうか？」とこちらが問うと、『○○イイ～（こっちの絵本から先に読んで)』の指さしが子どもたちから出ていました。

「読むよ」と伝えるとうれしそうにするのは新幹線、電車、バスなどの乗り物の本。あわせて、このころから「おばけ」の本のときに子どもたちの目がぐっと集まるようになり、おしゃべりもやめて見入るようになりました。このころに「おばけ」関係でよく読んだのは、『あがりめ さがりめ』(いまきみち作、福音館書店)『こわくないこわくない』(内田麟太郎文、大島妙子絵、童心社)『ぬぬぬぬぬ』(五味太郎作、偕成社)『ねないこだれだ』(せなけいこ作・絵、福音館書店)『おばけのアイスクリームやさん』(安西水丸文・絵、教育画劇）などです。絵本のおばけがこわくて自分の手で目を覆いながら、その手の隙間からチラチラと絵本を見ているかなめちゃん、りょうたくん。遠くから見ておくことは大丈夫だけど、おばけが近づいてくるとこわいという子も……いろんな反応がありました。

このころ、あそびもまた変化していきました。もも組の部屋には、自分が使いたいときに出せるおもちゃとして、押入れの下に牛乳パックのイ

２つの箱を組み合わせて「バギー」に赤ちゃんのお散歩に行ってきます！

ス、ダンボールの箱、カゴバック。部屋の壁にはウォールポケットを取り付け、個人の人形を収納していたのですが、**ダンボールの箱での遊び方もだんだん変化していきました**。自分の人形や、カゴ、お気に入りのおもちゃを入れて箱押しをしていたのが、箱を頭にかぶって「オバケダゾー‼」とオバケに変身！ 保育士や友だちをおどかしたあと、サッと箱を頭から取り、“じつは自分がやってたんやでー‼”という感じで得意そうな顔で笑っています。

「こわいけど楽しい＝おばけちゃん」のイメージが合致してきた

７月の製作でＯＨＰシートに子どもたちがポスターカラーを塗り、保育者が“おばけちゃん”を切り抜き、それをのれんのようにして部屋の入り口に取り付けました。扇風機や外から入ってくる夏の風にゆらゆら揺れるおばけを指さし、「アー！ アー！」としゃべっているしゅんたろうくん、わこちゃんと保育士でおしゃべり。保育士「おばけがいるね」とあいづちを打てばすぐさま、そのうしろのほうからダダダっと足音が近づいてきて「ソニャノー（そらの）アッタ！」とおばけにつけた自分のマークを見つけ叫ぶそらちゃん。はづきちゃん、あかりちゃんもやってきて「ハーチャンノハ？」「アカリノモアルデー」（ニッコリ）。

そらちゃんは箱をかぶって友だちが変身するおばけも苦手で、よく保育士にくっついていましたが、のれんのおばけは平気。おばけの中から自分のマークがついているものを見つけ、よくおしゃべりしてくれます。このように、**自分のマークのついたおばけを作ったことで、おばけは「こわがる」ものから、「楽しむ」ものへと変化**していった子もいました。

のれんのおばけを指さしながら「○○のー!!」と“自分だけのモノ”を見つけうれしそうにしているのと同時に、「○○（友だち）チャンノー」と友だちのも教えてくれたり、保育士が「○○ちゃん（友だち）のおばけは？」と聞くと必ず、キョロキョロと探してくれたり……という姿が増えてきました。**“ジブンノ！”も大事。だけど“おとなりさん（友だち）”のも大好き！いっしょだね!! と顔を見合わせて笑う**うちに、どんどん楽しいイメージもふくらんでいったのかなぁと思います。

「トントントン何の音？」あそびと絵本とが結びついてきて

７月末。「トントントン何の音？」のあそびを夕方してみました。当然ながら、おどかす役、おどかされる役、どちらの役もやりたかったり、やりとりや待つことをまだしっかりと理解できなくて、役もコロコロ変わったり、途中で抜けたり、また入ったり……。いろいろありましたが、離れていた子どもたちも必ず寄ってくるのは、「おばけの音ー!!」とおばけがおどかしにやってくるシーンでした。

おとながこわがるときに見せる「キャー!!」という反応も子どもたちは大好きです。「キャー!!」のまねがいつの間にか、朝の「おはよう」の時間に流行りだしました。

『ぬぬぬぬぬ』
五味太郎 作
偕成社

『ぬぬぬぬぬ』の絵本を読んでいて、「ぬ～!!」っとおばけがおどかしに来るシーンになると子どもたちはいっせいに「キャーーー!!!」。絵本のページをめくる時をじっと待ち構え、めくると同時に両手をバタバタさせながら叫ぶようになりました。他のおばけの絵本を読んでも、**これが“おやくそく”の反応になっていました。**

……こうして、クラスの中にだんだん、おばけで遊ぶ姿が出てきました。とはいえ、クラスのだれもがもうおばけをこわがらないわけではなく、顔がかくれるような格好で出てくると、それが担任だとわかっていてもこわくてこわくてたまらない子もいます。

しかし、本当にこわいばかりでなく、「コワイ　コワイ」のやりとりの中

運動会の前日、給食室の先生が作ってくれた「おばけちゃんクッキー」

おばけちゃんTシャツを着て、おばけちゃんのまねも自然に

にも徐々に楽しさが生まれてきつつありました。「コワイ」や「キャー！」「オバケ」という共通のイメージのことばを通じて、友だちとの楽しそうな姿、共感を求める様子も同時に増えてきていました。とにかく、いろんな“つもり”が楽しい時期。**イメージでつながる体験を大事にたっぷり楽しいあそびをくり返していきたい**なと思い、運動会に“おばけちゃん”をもってきたというわけです。

ハレの舞台に向けて、目の覚めるような青いＴシャツに白い“おばけちゃん”をステンシルの方法でプリントし、子どもたちも一人ひとりがぺったんぺったんと☆模様のステンシルをして、おそろいTシャツを作りました。もちろん、いつもとは違う運動会の雰囲気にはじめはちょっととまどい気味の子どもたちでしたが、“おばけちゃんと遊ぼう”と思いきり体を動かしているうちに普段の笑顔が戻って親子ともに楽しめました。

point はじまりはキラッと輝いた目

運動会につながった“おばけちゃん”がどんなふうに子どもたちの共通のイメージになっていったのかがよくわかる実践記録です。この一連の取り組みのはじまりは、絵本を読み聞かせたときに子どもたちの目がキラッと輝いたその瞬間だったと言ってよいでしょう **(→100ページ)**。「オニだぞー」のマテマテあそびを応用して、箱をかぶっての「おばけだぞ〜」あそびをはじめたのは子どもたちだったようです。一方で、「こわい」と尻込みする子も……。そこで、涼しげなＯＨＰシートで子どもたちと“おばけちゃん”を作り、部屋の入り口にのれんのようにぶら下げたところ、自分のマークを見つけて「ソニャノー（そらの）アッタ！」「ハーチャンノハ？」「アカリノモアルデー」といった会話が生まれました **(→101ページ)**。

そこで、「トントントン何の音？」あそびがしかけられました **(→102ページ)**。「こわいけど、楽しい」という、安心感に裏打ちされた複雑な感情は、絵本やごっこあそびなど、保育者が先導して経験や文化を共有しようとする働きかけのなかで育まれる「共感的知性」と言ってもよいでしょう。そのなかで、子どもたちみずからが「コワイ〜」「キャーーー!!!」というキーワードを媒介として友だちとの共感を求めるようになっていったのです。

子どもの関心から出発して、絵本や製作、やりとりあそびを通して「こわいけど、楽しい」という“おばけちゃん”のイメージを共有していき、子ども同士の共感的、対話的な関係が生まれ、運動会というハレの舞台につなげたという過程は、乳児クラス版の「プロジェクト的な活動」[3]と言えます。この一連の活動は当初の年間計画に盛り込まれてあったわけではなく、子どもと保育者、保育者同士の対話的な関係のなかで生成・発展してきた“動く計画”**(→第Ⅲ部153ページ〜)** となりました。

column 5　途中入園した子どもに安心感を

保護者の育休明けのタイミングと重なり、年間を通して途中入園の多い１歳児クラス。そんな新入園の子どもたちに焦点をあてて、“イッショ！ がたのしい”の土台となる安心感のある生活をどうつくっていけばいいのか考えてみましょう。京都・一乗寺保育園の葉賀美幸さんのクラスでは、どんなことを大事に保育をすすめていったのでしょうか。

この年の１歳児クラスもも組は４月生まれ～３月生まれまでの18人で構成されているクラスです。月齢差はじつに12ヵ月。４月の段階では、３人が２回寝をしており、まだ歩くことができず、部屋の中でハイハイをしている子もいました。

朝は１つの部屋・集団の中に、眠くてご機嫌斜めになり、グズグズ泣き出す子もいれば、その隣では「～ガイイ！」「イッショニー！」と思いを出して遊ぶ子もおり、集団の中にはさまざまな要求や姿があふれていました。

今年度から保育園にやってきた４人は、朝の保護者とのお別れのとき、保護者のあとを追いかけたり、服にしがみつくようにして泣いたりしていました。あそび→ご飯→午睡など生活の節目にも、不安になって泣いたり、一ヵ所にゆっくりいることができなくて動き回ったり、時には抱っこをしている保育士の手もはねのけて泣いたりしていました。午睡時などは１人ずつおとながついて対応するようにしていましたが、なかなか落ち着いて寝ることがむずかしく、保育士の腕の中でウトウトはするものの寝てもふとんへ降ろせなかったり、30分～１時間で目が覚めてしまい、おやつまでの時間を園庭などに出て過ごすこともありました。

０歳児クラスから進級した子どもたちも人見知りや、今までと違う生活の場や流れに不安になり、生活の節目に泣いたり、抱っこを求めたり。食事や午睡の時には「イヤ！」と言い、持ち上がりの担任を求める姿が少なからずありました。

そんな子どもたちが“心地よく生活を送るためには？”……もも組の生活を話し合ったとき、何よりまずは、子ども一人ひとりの声が聞ける、そして（子どもたち自身が）お互いのしぐさが見えるような『**小集団でほっこりできる雰囲気・時間づくり**』に意識をおいて、午前中を中心に２グループにわかれて活動するように生活の流れをつくっていきました**（次ページ図）**。

●途中入園した３月生まれのこはるちゃん

クラスの子どもたちがそれぞれの個人持ち人形での遊び方を見つけて毎日遊ぶようになったころのこと**（→第Ⅱ部97ページ～）**、３月生まれのこはるちゃんがもも組に入ってきました。

こはるちゃんのお母さんにも、入園の日に間に合うように個人持ちの人形も作ってもらいました。名前は「ハルちゃん」。「作って渡したのはいいけれど家では既製品の人形のほうを持つばかり。本当にちゃんと持ってくれるやろか～？」……と、お母さんはちょっと

図　小集団でほっこりできる雰囲気・時間づくり

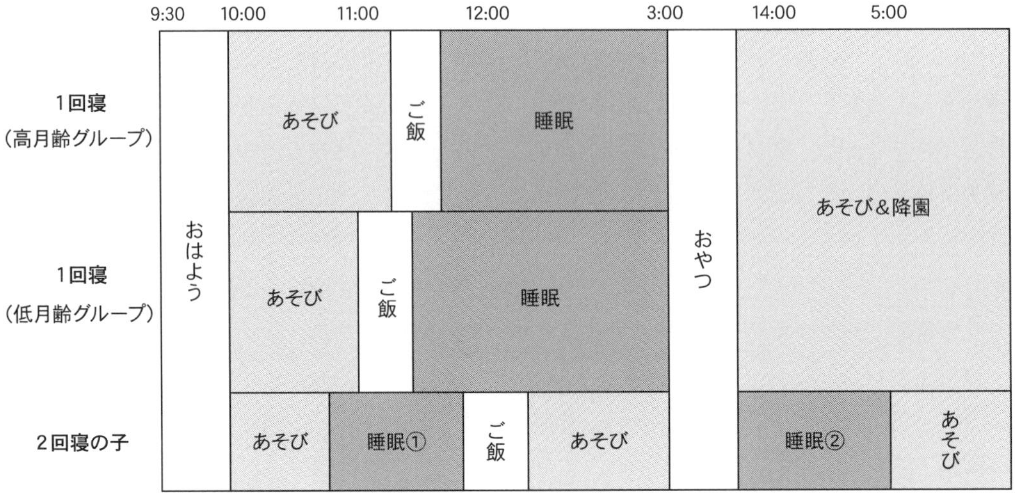

心配そう。でも、とりあえず“まずはいっしょに保育園に来てみよう”と、ハルちゃんとともに登園してもらいました。

こはるちゃんにも、新しい人形の「ハルちゃん」にもクラスの子どもたちは興味津々。はじめて見るこはるちゃんの人形は、みんなじっと見ていて時々取り合いになるほどです。でもこはるちゃんは知らん顔。「コハル（ノ）ー」とは言いますが、怒るわけでもありません。まずは部屋やベランダをウロウロキョロキョロする日々から保育園生活をはじめたこはるちゃんでした。

●「おはよう」の部屋は「イヤ!!」

そんなこはるちゃんでしたが、3、4日たつと急に、「おはよう」（朝の集まり）の時に隣の部屋に移動することをかたくなに拒みはじめました。抱っこはさせてくれるものの大粒の涙も止まらず、もといた部屋のほうを必死で指さして“ココはイヤ”というように訴えます。

そこで、毎朝お母さんが「ハルちゃんここにいるからね～」「ハルちゃんといっしょに保育園やしなぁ～」と、こはるちゃんに見えるところに置いていってくださる人形の「ハルちゃん」を泣き続けるこはるちゃんに差し出してみました。すると……保育士に抱っこされたその腕の中から、ハルちゃんをじーっと見つめたあと、手を伸ばして受け取って、自分のからだに抱き込むようにぎゅーっとハルちゃんを抱っこしたのです（それでも涙は止まりませんでしたが……）。

きっと、**こはるちゃんなりに保育園を意識しはじめたあらわれ**だなぁ……と感じながらその後3週間くらい涙の騒動に対応していました。泣きながらも、部屋に行く前には必ずハルちゃんを抱っこしてから……とか、部屋の中に入らなくても入り口のところで……などと、無理はせず過ごしていきました。

「ハルちゃん」といっしょ！

涙の「おはよう」からしばらくたつと、「おはよう」にはハルちゃんと“イッショ！”がすっかり定着。そして、あそびの中では、まわりの子どもたちがそれぞれの人形で遊ぶ姿を「見ていただけ」のこはるちゃんが、ハルちゃんを小脇に抱えて「ハルちゃんといっしょ」に行動するようになりました。ハルちゃんが部屋の片隅で友だちの取り合いになっているのを見ると「コハル（ノ）ー」指をさして叫び、時にじだんだを踏み、時に泣き……めいっぱいの表現をそこで示すようになってきました（なんだかいい表情……）。

でも、ふと考えることがありました。ごっこのおもちゃで「カンパーイ」としたり、ふとんをトントンしたりなど、クラスの子どもたちがやっていることも、こはるちゃんには経験がない。いろんなおもちゃもあるけれど、こはるちゃんにはすべてはじめてのもの。どうやって遊ぶものなのか？ ということや、**子どもたちが共有している「楽しい」は、こはるちゃんにはどこまで楽しそうに見えているのか？** 本当に魅力的に見えることなの？ などなど……。入園後しばらくは、まずは身近な自分の人形ハルちゃんを握りしめながら、自分のペースで集団の中の居場所を探っているように見えました。

そこで、**強く誘うことはせず、でも、ハルちゃんといっしょに見ているこはるちゃんを意識しながら、ほかの子どもたちと人形をまじえたつもり・ごっこあそびを続けました。**

1ヵ月くらいして……クラスの子が人形をトントンしている様子を見て、こはるちゃん自身もそばで同じよう遊ぶようになっていました。そのうち、ハルちゃんを「自分から」心の支えにするようにもなりました。昼寝あとのおやつの時間にも手元にないと気づくとハッとした顔をして一目散に取りに走る。「おやつだから汚れるし、あとでね」と言われると、大粒の涙をいっぱい浮かべ、よりいっそう力を込めて抱きしめ、いつまでも頑として離さない。「イヤー!!」と主張する姿があり、夕方のあそびの合間、探索活動の時にもつねに握りしめている姿が見られるようになりました。

「心の支え」について考えたこと

こはるちゃんの姿、変化から感じたのは、人形を間にはさんで、その先にいる人の反応がやっぱり大切だということ。「心の支え」って、そこにいるまわりのみんなの影響が大きいのだろうな。みんなと生活し、まわりがいっしょになって楽しいことを見つけてくれたり、人形のことも大事にしてくれたりするからこそ、その存在意義が深みを増していくのではと感じました。「支え」となるものは、まわりからもまた大事に扱われていることが、その子にとって本当に「支え」となる条件の一つだと感じました。人形も、生活も、子どもたちの目に本当に魅力的に映った

保護者の手作り人形の「おうち」
この個人マーク付きウォールポケットは、子どもたちが好きな時に出し入れできるよう
取り付ける場所についても検討が重ねられた（写真は押入れ横に移動中の時のもの）

とき、大好きなあそびに変わっていくのだろうなと感じました。

こはるちゃんと「ハルちゃん」についての実践記録を読んで、いくつか明確になったことがあります。１つめは、いくら「個人だけの人形」とはいえ、「与える」だけでは意味がないということ。２つめは、モノが何であれ、まわりから「〇ちゃんの」と尊重されることが重要だということ。そして、１歳半までの乳児期であれば保育者の胸や膝を唯一の「支え」としてあそびに向かっていくことになるけれども、１歳後半になると、「みんなに大事にしてもらっている人形」ということがわかり、それを支えにして新しい場面やあそびに向かっていくことができるようになるということです。

また、友だちのやっているあそびを「いいなあ」というようにそばで見ている「目での参加」から、実際に自分がやってみるまで１ヵ月くらいかかるということもわかりました。もちろん、もっと早くやりはじめることもあると思いますが、けっこう時間がかかるものだと思っておくと、あせらず、気持ちをくみながらかかわれるのではないでしょうか。

毎年やっているから、という理由だけではなく、葉賀さんが書いている通り、「みんなと生活し、まわりがいっしょになって楽しいことを見つけてくれたり、人形のことも大事にしてくれたりするからこそ、その存在意義が深みを増していく」ということを毎年確認しながら続けてほしい取り組みだと思います。

第３章

友だちのなかで ぶつかり、つながり、立ち直る

拡大・充実していく自我に寄り添う保育

1 小グループでゆっくりじっくり自我をふくらませる

――1歳前半～

実践 服部貴子 京都・M保育園

発達がゆっくりな子どもたち

今年度の１歳児クラスは進級児10名、新入児４名で、４月当初から子ども14人に担任が３人という大きい集団となりました（→第２章80ページ～の実践と同じクラス）。

まだ歩行できていなかったアツシくんとリサちゃんに、やっと歩きはじめたダイスケくん、カンタくんがいました。ジュンくんは生まれてすぐに痙攣を起こし「身体面での不自由さが残るかも……」と言われた子どもでした。アツシくんはからだの発育がゆっくりで発達クリニックに通っており、カンタくんは多動やパニック状態になることがあり、発達相談に行っています。リサちゃんは受け身で、自分からは動こうとせずおとなが来るのを待っている子で、アツシくんも自分の思いが強く、わかってもらえな

いと物を投げたりしてはげしく怒り、ダイスケくんはことばが出なくて表情も硬いのが気になっていました。担任としては、なんとか楽しいと心から感じとれる子に……楽しいことが「ジブンデ」働きかけられる子になってほしいと思いました。

１）４人グループでの穏やかな保育時間

すでに走り回っている子どもから、まだ歩けない子まで動きに差があるクラスの中で、ダイスケくん、アツシくん、カンタくん、リサちゃんの４人でグループをつくり、足腰を意識的に使って階段のぼり、斜面のぼりを中心とするからだづくりからはじめました。一人ひとりを大事に見ていきたいとの思いから、４人だけでのかくれんぼ、マテマテあそびなど、**少人数でのゆったり穏やかな保育を園内で週２回くらいグループとして取り組む**ことにしました。４人グループでの活動は、９時半ごろから11時ごろまで、担任の一人（私）が担当することになりました。

グループでの取り組みをはじめて間もなくのこと、カンタくんとアツシくんがすべり台をのぼっていたときに、カンタくんがアツシくんの肩を「トントン……」とたたきました。ことばはなくても話しかけるように優しく肩をたたき、顔をのぞき込んでいます。でも、アツシくんは“たたかれた”と思ってたたき返してしまいました。

そこで、「アツシくん、カンタくんはいっしょに行こうって言うてくれてはるんと違うか？」と話しかけると、アツシくんは振り向いてカンタくんを手招きして「おいで、おいで」と呼びました。ついでアツシくんはダイスケくんも手招きして「おいで、おいで」。アツシくんとカンタくんの２人でダイスケくんの方を指さして呼びかけ、顔を見合わせていました。

point　カンタくんの思いをていねいに伝えて

カンタくんは、人との関係がつながりにくい子どもとして発達相談を受けていましたが、このように、グループ活動でのアツシくんとのかかわりを通して人を求める姿が見られるようになったのです。勘ちがいしてたたいてしまったアツシくんがカンタくんに「おいで、おいで」と手招きしてあげられたのは、保育者が“カンタくんの気持ち”を代弁して伝え、その気持ちをアツシくんが受け止めてあげられたからでしょう。２人でダイスケくんを呼びかけてあげた姿はほほえましくもあり、３人で楽しく遊んでいる姿が印象的な場面だったそうです。

２）強まる４人の絆

友だちの気持ちに気づいて……

４月下旬、クラスでリズムをしたときのことでした。

「あっかんよー」から「いいよ」へ

トシキくんとソウタくんがリズムで手をつないでいるところへアツシくんが来て手を差し出すと、「あっかんよー」と拒否。アツシくんは泣き出し、まだ歩いていないリサちゃんが、そんなアツシくんの顔を心配そうにのぞき込んでいます。

保育者「トシキくん、ソウタくーん。アツシくんもいっしょにおててつないでほしいんと違うか？」

トシキ、ソウタ「……」と黙っています。

保育者「あかんよ……って言うたらアツシくん悲しいんと違うか？」

すると……リサちゃんがアツシくんに手を出し、アツシくんもリサちゃんと手をギュッとつなぎ、アツシくんもうれしそう。その光景を見たトシキくんとソウタくん、間に担任が入ると、「いいよ、おててつなごう」とアツシくんと手をつないでくれました。そうしてみんなでケラケラ笑いながらリズムの続きをはじめました。

「あっかんよー」とは言ったものの、まずは担任がアツシくんの思いをことばで伝えると、考えはじめたソウタくんとトシキくん。リサちゃんが手を差し出してくれたことで、悲しかったアツシくんの気持ちも切り替えられ、ほほえましい姿。手をつないで「イッショに……」がうれしいアツシくんでした。

５月後半になると新入児も落ち着き、歩けなかったリサちゃん、アツシくんも歩けるようになり、そのころからは14人みんなで園内でいっぱい遊べる取り組みをはじめました。その一方で、４人グループのあそびも週案に位置づけて保障していきました。そんなある日のこと。

１個のボールでアツシくんが遊んでいたところにダイスケくんが来ました。取られると思ったようでアツシくんはボールを抱え込みました。そこにカンタくんがやってきて「ちょうだい」と手を差し出して２人の間に入ってきました。保育者がアツシくんに「ボール、ダイスケくんにポイってしよか」と言うと、アツシくんは「プン」とソッポを向き「イヤ……」と拒否。

そこで、もう一つあったボールを出すと、カンタくんがそれを見つけてダイスケくんに「ドウゾ」と渡してあげたのです。けれども、またまた欲ばってしまったアツシくんはダイスケくんのボールを取りにいき、トラブル発生！……ふだん感情を表に出さないダイスケくんが「あーあ、とった」と一言。悲しそうに涙ポロポロ……。

アツシくんに「ダイスケくん、泣いたはるよ」「悲しいな、ダイスケくん。もうちょっとしたら返してあげよな」と声をかけて、ちょっとの間ダイスケくんと待ちました。すると……アツシくんがダイスケくんにボールを「ポーイ」と投げてくれ、そこからアツシくんとダイスケくんとカンタくんの間であそびがはじまりました。

保育者「アツシくんじょうずにポイッてできるかな」

アツシくん、……ニコニコ笑っています。

保育者「カンタくんとダイスケくんにポイッてできるかな？」

アツシくん、やっぱり照れたようにニコニコ。

保育者「次はだれにポーイってしてあげる？」

すると、アツシくんがカンタくんに向かってボールを投げました。カンタくんの方とはまったく違うところにボールは飛びましたが、カンタくんもダイスケくんに渡し、３人の中ではボールでのやりとりが成立していました。

はじけた「自我」の響き合い

プールがはじまると、この4人がとっても生きいきとして、逆に大きい子たちが圧倒されそうな勢いで、もぐってみたりワニで泳いでみたりと別人のよう！ 笑い声もひときわ高く、プールに入っているときは大きい子たちとも響き合っています。4人グループでの安心できる関係が自信へとつながったのか、大きな集団のなかでもそれぞれの自己主張が出はじめてきました。

point 改善したいクラス規模の問題

服部貴子さんの記録を読んでいて、「保育者は、つねに子どもの共鳴・共感者であり、行為や思いの代弁者であるとともに、子どもたちの活動を、ことばで意味づけ、子どもと子どもの関係を取り結んでいく媒介者の役割を担っている」という一文を思い出しました[4]。「子どもたちの中に『共感的知性』を育てることを目的に、保育者と子どもたちが文化（財）を共有していく」カリキュラムというのはきっと、こうしたていねいな指導的なかかわり方によって具現化されていくのだろうと思います。ここで、服部さんに聞いてみました。

Q 小グループ保育に取り組んでみて感じた子どもたちの変化は？

A 多動でパニックになることもあるカンタくんが、小グループに取り組んで間もなく、“安心できるおとな”という関係ができてきて、遊んでいる時には必ず担任がそばにいるか、ふり返って確かめるようになってきました。友だちの表情や気持ちを考えるような行動が見られたのはうれしい驚きでした。

Q グループで遊ぶ場所が違うと互いの様子がわからなくなりますが……？

A それぞれの活動の様子については、子どもたちが午睡に入ってから、担任が昼食をとる間に伝え合いました。

Q クラス全体の保育との関係で、先生方の体制づくりが大変ではなかったですか？

A　グループ活動をする日は、3人の担任のうち1人が4人グループ、2人が10名の子どもたちと遊ぶことになります。10名の子どもたちを2人の担任が見ることで、その子どもたちの姿も見えやすくなり、子ども同士のかかわりも深まっていったように思います。

子ども14人に対して保育者3人よりも、子ども10人を保育者2人で見るほうが「見えやすく」なったというのは大変興味深いお話です。単に「子ども：保育者」の配置割合の問題ではなく、集団全体の人数が重要だということです。日本は欧米にくらべて1クラスの人数が多い（多すぎる）ために保育の質を下げている面があるので、改善していくことが望まれます[5]。

一乗寺保育園　素話『おおきなウーせんせ』

12月生まれの男児6人を含む低月齢グループが公園に出かけたときのこと、大きなウーせんせがシーソーに乗ってみました。

すると、目ざとく見つけたゆうきくんがやってきました。……「こうくんも！」「とうまも！」――ゆうきくんのうしろにえにしくんが乗って、とうまくんのうしろにたけるくんが乗って……まだまだシーソーは動きません。

りゅうくんもやってきて……うんこらしょ、どっこいしょっと……よじのぼっていますが……それでもシーソーは動きません。

そこへ、「ん!?」ふと気づいて振り返ったまきびくん、「マッキーも！」。ヤマ保育士が「ゆうとくんもイッショに乗ろっかー」と誘って最後尾に乗ると……とうとうシーソーが動きました！

あそびをしかけたウーせんせ、ぽつんといた子を連れてそれに「乗った」ヤマせんせ、この「物語」の経過を見事なアングル、シャッターチャンスで写真におさめた保育者もナイス！チームワークが光るひとコマです。

② どんなジブンも出していい、そんな安心感を
――1歳後半～

実践　坂本清美　京都・朱い実保育園

まずはいっぱい歩こう！

朱い実保育園は、京都のある大学の敷地につくられた保育園で、現在、120名の定員となっています。共同保育所だったころから、部屋が狭い、遊具がない、保育者が少ないという悪い保育条件の中でも、戸外で思いっきり遊ばせてあげたい、豊かな経験をさせてあげたいという思いで、園庭に遊具を作ったり、リヤカーに子どもを乗せて近くの鴨川や吉田山に散歩に出かけたりしてきました。

以来、散歩は一日の生活の中でも大切な取り組みになっています。毎日のように散歩に出かけ、しっかり遊んで昼食を食べ、ぐっすり昼寝をするというように、散歩が一日の生活のアクセントになり健康的な生活リズムをつくる源になっています。もちろん、その目的や方法などは、保育条件の改善や、他の活動の工夫などにより、少しずつ変化してきています。

今年度の１・２歳児混合クラスうさぎ組は、動きたくてからだがムズムズ、狭い室内だともめごとが多発……という月齢の高い男の子たちが多いのと、逆に、もっと体力をつけてあげたいな～と思う子たちも目につくという特徴があります。そこで、まずはいっぱい歩こう！ と毎日散歩に出かけました。

point　自我の拡大まっさかりのクラス集団

このクラスは、これまで紹介した他の実践とは異なり、１・２歳混合クラスのものです。４月時点で１歳後半～２歳児の子どもたちがともに生活しています。自我が拡大していくこの時期、〈**基本的・日常的生活活動**〉では、“できるけどしたくない！”という姿があちこちで見られはじめます。「とにかく、子どもたちの姿を、いとおしくおもしろく」とらえる中堅保育者の坂本さん。子どもたちの自己主張にじっくりつきあいながら、ときには「一日センセイ」で「できるもん！」という子どもたちの自信やプライドを生かす工夫をしていきます**（→コラム②74ページ～）**。と同時に、散歩を中心とする〈**探索・探究する生活**〉をたっぷり保障して子どもたちの旺盛な好奇心を引き出し、ごっこあそびをしかけて〈**文化に開かれた生活**〉が展開されていきます。

１）手をつなぐってむずかしい……でも楽しい♪

出かける前は必ず、「お友だちとおててつないでや～」と声をかけます。「つないで！」「いやや」「あかん」「せんせいつないでえ～」などなど、思う人とつなげたりつなげなかったり……その都度いろんなやりとりやハプニングが起こります。

が、そんなやりとりを毎日のようにいっぱいしてきて、夏が終わるころには、先に門の前で２人、３人とペアになって待ってくれることもできました。知恩寺に行く時はワゴンには乗らない、とわかっていてペアになるのも早いのです！「せんせいみて～なが～～い‼」と５、６人で長くつながって、キャッキャッと笑いながら歩き、一人こけると次々こけて……笑って笑って……。体育館横の道路へ出るまでの道は子どもだけで楽しく歩けるようになりました。

point　「納得」するまで見守る

日々、同じようなやりとりのくり返し……と思いきや、子どもたちの中では着実に「だれと」手をつないで「どこへ」お散歩に行くかという見通しができてきたことがわかります。２歳～３歳と言えば、思春期に似て好き嫌いがはっきりし、こだわりも強くなる時期です。手をつなぐ相手をあらかじめ決めておけば、ラクになる面もあると思いますが、このクラスでは、互いに思いをぶつけ合い、なんとかおさまるまで最低限の“交通整理”をしつつ見守る、という方針でした。「いやや！」と言われてとっても悲しい気持ちになったり、思いが通じてとってもうれしかったり……と、それぞれに納得して友だちと手をつないで歩くようになるまでに、ずいぶん「心のバネ」が育つように思います。

吉田山へえんそくごっこ

幼児クラスが遠足の日、「うさぎ組も遠足にいこ〜う!!♪」と給食室から水筒を借り、おやつももらって、リュックを背負うと、子どもたちも先生も「はよ、いこう！ いくで〜」とソワソワ。秋に入ってはじめての吉田山なのに、階段をどんどんのぼる子どもたち。「お〜い！ せんせいだいじょうぶ〜？」と声がかかります。

この日はどんぐりがいっぱいいっぱい落ちていました。拾っても拾ってもやめられないどんぐり拾い。

一方、いつも一人、砂利をひたすら集めていたユウタくん。みんなと同じように何かを拾っているんだけど、ひたすら砂利ひろい!?“どんぐり”には見向きもしないユウタくん……。もしかしてみんなが何を拾っているのか知らないかも？ と思い、「これがどんぐりやで！」と見せてあげると、“え、そうなん？”という顔。ん……？ とあたりやみんなの様子をうかがい、しばらくして、「ほら！ ほら！」「あった！ またあった！」「みつけた！」とうれしそうなユウタくん。一番うしろで拾い続けていました。

こんなに夢中になっているユウタくんをはじめて見た気がしました。ちょっとしたひとコマでしたが、**ユウタくんとみんなが同じどんぐり拾いでつながった！** と感じた場面でした。

どんぐりをいっぱい拾ったあとは、“料理の神様”（吉田山にある11の神社の1つで、山陰神社のこと。お菓子の神様「菓祖神社」というのもあります）の前にちょっと座ってティータイム。ポケットにはどんぐり！ おなかもほっこり！

この日からうさぎ組はどんぐりに夢中。いつでもどんぐり探し。どんぐりを拾ってはポケットにつめて帰ります。それからゾンビエくん（消火栓の

『おばけがぞろぞろ』
佐々木マキ 文・絵
福音館書店

こと。みんなのお友だちです。中にゾンビエくんというおばけが住んでいるんです。よく見れば町のあちこちにあるよ！ 絵本『おばけがぞろぞろ』佐々木マキ文・絵、福音館書店、に出てきます）におすそわけ。しいの実はフライパンで煎って食べ、どんぐりやしいの実でかわいい飾りを作りました。

こんなふうにして、一年通してほんとに！ よく散歩に出かけました。春にはワゴンに乗っていた子どもたちも、全員で吉田山や鴨川まで歩いて行って帰って来られるようになりました。毎日毎日くり返し出かけることで、歩く力もつき、友だちとのおしゃべりも楽しい散歩になっています。

そして、散歩先やその道中には、ゾンビエくんやおばけが出てきたり、“電車”に乗ったり、自動販売機ではジュースを飲んで休憩したり（もちろん全部「つもり」です）、文房具屋で猫にあいさつしたり、知恩寺には露天風呂で洗いっこしたりと、**「ここではこのあそび」という、うさぎ組共通の楽しいあそび・つもりがいっぱい**生まれました。だいたい同じところへ出かけるのですが、飽きるほど同じあそびをくり返すことで、子どもたちのつもり、あそびがどんどんふくらみ、一人ひとりがつながっていくんだなあ～と感じました。

point タノシカッタ！ 体験の共有が未来をつくる

やはり散歩は奥深い！“ナンダロウ？”という驚きや発見の宝庫である自然との出会いは**〈探索・探求する生活〉**づくりの１つの大きな柱であり、「探究的知性」を育む絶好の機会です。「歩く」ことは、保育の構造**（→46ページ）**における**〈基本的・日常的生活活動〉**の中の「生活文化と心地よい身体性の獲得」ともかかわって大事にしたい基本的な身体活動です。それが、「ゾンビエくんやおばけ」と出会ったり、自販機でジュースを“飲んだ”りするようなあそびのしかけによって、個々ばらばらではなく、“友だちとイッショ”が楽しいという経験になっていったことがわかります。日々の散歩で保育者がしかけた「ここではこのあそび」は、子どもたち自身のあそびとして定着していきました。「飽きるほど同じあそびをくり返す」**（→118ページ）**こと、自分だけでなく、友だちと共有した楽しいイメージこそが、「マタシヨウネ」「アシタモコヨウネ」という未来への希望になっていくのではないでしょうか。

さらりと書かれていますが、散歩で拾い集めた木の実は、保育園に持ち帰って焼いて食べたり、保存しておいてその後の製作に使われたりするそうです

(→118ページ)。「今度○○にするし、いっぱい拾ってこようねー」と言って出かけ、食べたり作ったりするときには「これ、この前のお散歩で拾ってきた実やなあ」といっしょに経験を思い起こす――そうした取り組みが、過去から今、今から未来へとつながる確かな時間を子どもたちの心に刻んでいくのだと思います。

２）こだわり、ミテ〜！、甘えんぼ
――自我まっさかり

自我が拡大するこの時期、一人ひとりにその子の思いがあり、子どもたちの姿もさまざま。その思いを大切にしながら集団での生活をつくっていくということはとても時間のかかることです。「これがいい〜」「○○のやった〜」「ジブンデ〜」とあちこちで炸裂する子どもの『思い』。あっちでもこっちでも、ぶつかり合いやケンカ、葛藤が起こっていた一年間でした。

『ここが』いいんや〜〜！

鴨川への途中、ワゴンの中で怒り出すノブくん。ナオトくんが握っていたワゴンの縁を自分も握りたい！ その横はダメ！ ナオトが握っているところを持ちたい〜〜〜！「そこがいい〜んやあ！」と大暴れ。

ナオトくんはワゴンを押してくれていたので場所を代わるわけにもいかず、こっち持つ？ とかいろいろ聞いてもバタバタ暴れてついにはお散歩中断。

さあ〜〜〜、どうしよっか？ と保育者も子どもたちも「待ち」の体制に入ると、さんざん騒いで気も晴れたのか、「お散歩いく！」とワゴンへ。違うところをしっかり握って笑っています……。

おもしろい発想でみんなに笑いを与えてくれ、いろんな力を持っているナオトくん。節分にオニが来たときは一人、最初から最後まで豆を投げ続け、みんなを守ってくれました。そんなナオトくんは、大の甘えんぼ。ちょっとしたきっかけで、ひっくり返って訴えます。

ナオトくんの1日1回!?

散歩の帰りにこけてしまったのがショックだったのか、「あ～あ～てつだって～よ～」と起こしてもらうまで泣き続け、起こしてもらったら、「て～つないで～よ～」と大騒ぎ。手をつないでもらうと今度は「くつぬがして～よ～」「あ～～～～先生やってよ～～～～」。蛇口をひねるのも「あ～せんせい手伝って～よ～」と次から次から甘えんぼ。地面に寝そべったり足をバタバタさせてはこっち見て～～！ とアピール。

さんざん泣いては、コテン！ と寝てしまうけれど、「こけていたかったんやな？」とゆっくり聞いてもらうと「うん……」とかわいくうなずきケロッと立ち直る。こんなことを1日1回はやっています。

そして一年を通じて一番自分をアピールし続けていたのはダントツでサトちゃん！

わたしをみて～～～！

朝からテンション高めで、歌ったり飛び跳ねたりして元気かと思ったら、ちょっとしたことで、「サトのやった～」と突然悲しくなってしまいます。うつむき加減で目をウルウルさせて、みんなが注目してくれるまで動きません。「サトちゃん、今悲しいねんて」とみんなに注目してもらうと納得。ニコッと笑顔に。

と思ったら、はげしい一面もあって、「ハァーーーーッ‼」と友だちの顔面ギリギリまでせまっていって威嚇？ します。「せんせーせんせー！」と甘えるのもじょうず。一日のうちにいろんなサトちゃんに変身。とにかくいっぱい自分を見てほしいようです。

point 「ゆっくり」ふり返る

「自我」の表現は本当に十人十色。こんな姿が毎日あちこちで続くと大変だあ～と思うのですが、坂本さんの書きっぷりにはなぜか余裕が感じられます。なぜだろう……と思って何度も読み返してみて少しわかったような気がします。たとえば、「『ここが』いいんや～～！」のエピソードでは、「さあ～～～、どうしよっか？ と保育者も子どもたちも『待ち』の体制に入ると」とあり（→119ページ）、「わたしをみて～～～！」のエピソードでは、「『サトちゃん、今悲しいねんて』とみんなに注目してもらうと納得」とあります（→120ページ）。

つまり、子どもと保育者の１対１の関係だけでなく、「みんなで」受け止めているのですね。そこには、「無理やりではなく自分で納得して自分で決めていける」ような「間」もつくられています。おとな側も迷ったり困ったりしながら、「一人の問題をみんなの問題にする」という「集団づくり」の基本的な考え方によって、子どもたちと「間」のある関係ができているのではないでしょうか。

また、次から次へと甘えんぼアピールのナオトくんですが、「こけていたかったんやな？」とゆっくり聞いてもらうと「うん……」と立ち直るとのこと（→120ページ）。２歳児はやったことを“しみじみ”ふり返るようになるので[6]、「ゆっくりふり返って共感」することがとりわけ重要になります。同じことばでも「ゆっくり」言うだけで子どもの聞き入れ方がずいぶん変わるようです。ぜひ試してみてください。

3）みんなといっしょが楽しい!!

いたずらも、仲間と“イッショ”なら楽しさ倍増

余裕がでてきたからなのか、いたずらもパワーアップ⁉ 友だちといっしょ

なら、なんでもおもしろくなっちゃう！ まるで、「どこまでなら大丈夫かな？」と保育者を試しているかのように意気投合していたずらすることもでてきました。

帰ってこない……。

ご飯のとき、いくら呼んでも帰ってこないサトちゃん、トモキくん、タイチくん。「もう食べちゃうよ～」と言っても自分たちでおままごと。砂のごちそうを前に「カッチンコッチン～～♪」と部屋のみんなに対抗して？楽しそ～に歌います。いつ帰ってくるのかな～？ と先に食べはじめていると、しばらくして３人でトコトコ戻ってきます。

「みんな、もうおてても洗ったもんね～！」「いただきますもしたもんね～」と食べていると、３人でトイレ・手洗いを済ませて「いただきま～す！」……３人いれば平気へいき!?

いつもマイペースのトモキくん。トモキくんは一つひとつのことはとってもじょうずにできるのに、切り替えの時間になると動きがピタッと止まってしまいます。とくにご飯のあとは、裸のまんま自分のロッカー前に座り込んでじーっ。でも、いたずらする時は目がイキイキ！ 動きもテキパキ！ 怒られても怒られても、気にせずいたずらし放題！ 目が輝いています。

そんなトモキくんにあこがれ（?）ているのがいつも下向き加減で声も小さいユウタくん。

ユウタくんのあこがれ、トモキくん！

みんながおふとんに入りはじめ電気が消えた暗い中、パンツを「パ～イ」と投げてはケラケラケラ～～と笑って拾いに行き、また投げては大笑いして拾いに行くトモキくん。その横に同じように座って、パンツを「パ～イ！」とトモキくんがすることすることまねするユウタくん。いつもの下向き加減の顔が上を向いてニコニコです。

また違う日、同じ時間に２人でビニール投げごっこ。いつまでもいつまでも２人でビニール投げ合いっこ。投げてはケラケラ、投げてはケラケラ……。とうとう、

保育者「廊下でやっておいで！」

ところが、ドア越しにこっちを見て笑っている2人。どこまでいっても楽しいようです。

その後も、ユウタくんは「トモキくんが何かおもしろいことしないかな……」とトモキくんを気にして見ています。あまり自分をアピールしたりまわりのことに目を向けたりしなかったユウタくんですが、「あこがれ」の友だちが見つかったようです。

point 親密な友だち関係が子どもを変える

ユウタくんの変化が印象的です。当初はあまり友だちを気にせず黙々と砂利を拾っていたユウタくん（→117ページ）。いつも下向き加減だった顔が、マイペースでいたずら好きのトモキくんのまねをしはじめてからは上を向いてニコニコ、目が輝いてきたとのこと。

午睡時、連日のパンツ投げにビニール投げ。投げては2人でケラケラ……ケラケラ……ここで私なら「やめなさーい！」と一喝するところですが、「廊下でやっておいで！」（→122ページ）という保育者のことばかけは、さすがプロ。でも、廊下に出てからもドア越しに笑っている2人のほうが一枚うわてでしたね。

2歳～3歳ごろ、あこがれの友だちを見つけてまねをしたり笑い合ったりして交流を深めることは、発達上とても大事な意味をもちます[7]。だいたい、この時期の子どもたちがまねし合ったり、連れだって盛り上がったりすることは、おとなにとって「困る」ことが多いものですが、そういう姿を否定的にとらえず、「あこがれの友だちができた！」「イッショが楽しいのねー」とみて、その関係をあたたかく受け止めているところにこの実践の魅力があると思います。

「おでかけ」が楽しい！――小道具が大活躍

保護者の方に作ってもらった人形やマントを、子どもたちは好きな時に出して遊んでいます。ミユちゃんや、タエちゃん中心に、「つつんで」「こうして……」とマントと人形や牛乳パックで作った小さな箱を持ってきます。赤ちゃんをマントで包んで肩から斜めに提げて抱っこバンドのようにしたり、マントに牛乳パックの小さな箱を包んで肩から斜めに下げたり、かばんに箱を詰めたり、おもちゃの箱に人形・牛乳パックの箱、ポットン落としの缶かんをセットしてお出かけするのが大人気！ ぞろぞろと楽しそうにホールの方までお出かけしていきます。

こんな時はケンカもあまり起きません。しばらくすると「ただいま～」と帰ってきます。お昼ご飯のあと、寝るまでの時間、こんなあそびがあちこちで広がります。

なんだかわからないけど、楽しい！ 空気というか、共感というか、感覚というか、なんでもないことなんだけど目と目を合わせていっしょに笑い合うと楽しい‼ 一人がこけると、みんなもこけて、一人が笑うとみんなも笑う。だれかがやっていることを自分もやりたくなる。そんな姿がとってもかわいいです。一人でやってもしょーもないことが、みんなでやるとメチャクチャ楽しい。おとなから見ると「なにしてんの？」ということでも、子どもたちにとってはとっても楽しい瞬間です。

point 一人が笑うとみんなも笑う

昼食後から午睡までの「隙間」の時間は、トラブル発生多発時間帯といわれますが、保護者の手作り人形をはじめ、たくさんの小道具を活用してホールまで（けっこうな距離）「おでかけ」するあそびがブームになってケンカもほとんどなかったとのこと。「一人でやってもしょーもないことが、みんなでやるとメチャクチャ楽しい」**（→124ページ）**という記述に、子どもたちの気持ちが代弁されているようです。最初から「みんなで」を無理強いするのではなく、一人ひとりの自発的なあそび、偶発的なあそびを大事にしながら「探究的知性」が育まれ、絵本などをもとに保育者がしかけたつもりあそびをくり返し楽しむなかで「共感的知性」が育まれてきたことが、そのベースとして重要であったと思います。「一人でやってもしょーもないことが、みんなでやるとメチャクチャ楽しい」というのは、その２つの知性が結びついて、互いにまねし合ってイメージを共有し、ごっこあそびを楽しめる「虚構的知性」が育ってきた姿なのだと思います。

4）どの子にも“愛されている”実感を

一年を通して、一人ひとりがしっかり「自分」を出し、無理やりではなく自分で納得して自分で決めていけるよう、まずは気持ちを受け止め、また、出しては受け止める……ことをくり返してきました。押したり引いたり、時には、「さあ、どうしよう」とおとな側も迷ったり困ったりすることもあります。

自分でできることも「せんせいやって～」と甘えたり、泣いたりひっくり返ったりしながらも自分の存在をアピールする子どもたち。２歳になり、３歳に向かっていく子どもたちは、自分のことだけでなく、人のことも見えてきて、ちょっと自信がなくなったり、つまずいた時に立ち直れなかったり……。そんなふうに一生懸命生きている子どもたちにいとおしさを感じました。

子どもたちの“大きくなりたい！ やってみたい！”という前に向かっていく気持ちや、“できるかな？”とドキドキしたり不安になったりして**揺れ動きながら大きくなっていく姿**にできるかぎりていねいに寄り添いたいな、と思ってやってきました。おとなやまわりの友だちの支えの中、「ま、いっか！」「あっ、そっか！」と次へ向かっていく、そんなつながりや力がもっともっと育っていったらいいな、と思います。

どんな自分も“だしていいんや”“愛されているんや”“見てくれるひとがいてる！”と実感できるように、残りの日々も、一人ひとりの姿を受け止め、一つひとつの過程を大事にしながら、子ども同士をつないでいきたいな、と思います。

point　子どももおとなも「次」への希望を育むおおらかさ

ごちゃごちゃしながら一生懸命生きている子どもたちの目の輝きをとらえ、それぞれの場面で保育者として何を大事にしてきたのかが明快に書かれている坂本さんの実践記録から「苦労」はあまり伝わってこないのですが、きっと、日々しんどいこともたくさんあったことと思います。でも、子どもたちのおもしろかわいい姿と、保護者や保育者、友だちの支えの中、「『ま、いっか！』『あっ、そっか！』と次へ向かっていく」**（→125ページ）**ことができていたのだろうなと思います。まわりの支えがあれば、今の自分がデキナイことも「ま、いっか！」と肯定的に受け止めることができ、今の自分には見えていなかったことや考えに「あっ、そっか！」と気づいて納得し、「次」に向かって希望をもっていける——。それって、子どももおとなも同じだ！ そんなことを考えさせてくれた実践でした。

ねえねえ、あっち！
うんうん、あっち！

1　別府哲「保育の場での高機能自閉症児の理解と指導」清水民子ほか編『保育実践と発達研究が出会うとき』かもがわ出版、2006年、pp.219-235
2　神田英雄「１歳児の“いっしょが楽しい”」『保育に悩んだときに読む本』ひとなる書房、2007年、pp.69-80
3　日本におけるプロジェクト型活動の歴史・展開過程については、宍戸健夫『保育の森—子育ての歴史を訪ねて』あゆみ出版（1994年）や、浅井幸子「和光幼稚園・和光鶴川幼稚園における総合活動の成立と展開」『東西南北2012』和光大学総合文化研究所（2012年）など。イタリアのレッジョ /エミリアのプロジェクト活動については、C．エドワーズほか編／佐藤学ほか訳『子どもたちの100の言葉—レッジョ・エミリアの幼児教育』世織書房（2001年）など。
4　大阪保育問題研究会集団づくり部会『ボクのなかに友だちがいる』草土文化、1991年、p.49
5　大宮勇雄『保育の質を高める—21世紀の保育観・保育条件・専門性』ひとなる書房、2006年、p.70-71。
服部敬子「発達早期＝保育・child care system」日本発達心理学会編『発達科学ハンドブック５　社会・文化に生きる人間』新曜社、2012年、pp.90-103
6　木下孝司「二歳児の自他関係と自我の発達」清水民子ほか編『保育実践と発達研究が出会うとき』かもがわ出版、2006年、pp.100-114
7　高櫻綾子『幼児間の親密性—関係性と相互作用の共発達に関する質的考察』風間書房、2013年

column 6　散歩は奥深い

「子どもにとって、また、どのように子どもを教育すればよいのか頭を悩ませている親にとっても、『知る』ことは『感じる』ことの半分も重要ではないと、私はかたく信じています。

子どもたちが出会う事実のひとつひとつが、やがて知識や知恵を生み出す種子だとしたら、さまざまな情緒やゆたかな感受性は、この種子をはぐくむ肥沃な土壌です。幼い子ども時代は、この土壌を耕す時期です。

美しいものを美しいと感じる感覚、新しいものや未知なものにふれたときの感激、思いやり、憐れみ、賛嘆や愛情などのさまざまな形の感情がひとたびよびさまされると、次はその対象となるものについてもっとよく知りたいと思うようになります。そのようにして見つけだした知識は、しっかりと身につきます」

「まだほんの幼いころから子どもを荒々しい自然のなかにつれだし、楽しませるということは、おそらく、ありきたりな遊ばせ方ではないでしょう。けれども私は、ようやく4歳になったばかりの（甥の）ロジャーとともに、彼が小さな赤ちゃんのときから始めた冒険――自然界への探検――にあいかわらずでかけています。そして、この冒険はロジャーにとてもよい影響を与えたようです。

わたしたちは、嵐の日も、おだやかな日も、夜も昼も探検にでかけていきます。それは、何かを教えるためではなく、一緒に楽しむためなのです」

この文章は、レイチェル・カーソンが、56歳の生涯を閉じる間際に記した『センス・オブ・ワンダー（The Sense of Wonder）』[1]からの引用です。彼女は海洋生物学者であり、詩情あふれる作品とともに、人間による環境汚染を世界ではじめて告発した『沈黙の春（Silent Spring）』[2]を世に残しました。『沈黙の春』は、私たち人間の「歴史を変えることができた数少ない本の一つ」であると称されています。

これらの文章は書かれてから50年近くになりますが、今なお新鮮な響きがあります。登園、買い物、公園に行くのも自転車や車で……という家庭が多くなった昨今、「いっしょに楽しむため」に探検に出かける、散歩を楽しむという経験を保障することは保育の重要な役割だと言えるでしょう。

京都・一乗寺保育園の葉賀美幸さんのクラスでも、安全の確保に細心の注意を払いながら「散歩」が大事に位置づけられています。しっかり歩いたり、小走りしたりする力をつけること、四季の自然（草花、小動物、鳥、虫）との触れあい、探索活動を十分にできるようにと願い、くり返し出かけていきます。また、わかりやすいルールのあるあそびとして、道中での「マテマテあそび」や「かくれんぼ」を楽しむことも大事にしています。

月齢でわけたグループごとに出かけるようにし、それぞれの子どもたちにあわせて行き先や歩き方、あそびも変えるなどの工夫をしました。

4月中ごろ、家々に咲くたくさんのチュー

リップを眺め、おしゃべりをしながら高月齢グループの６人と路地裏へ散歩に出かけたときの様子です。

●マテマテからかくれんぼへ

あっちをキョロキョロ、こっちをキョロキョロしながら家の塀や垣根の間を通り、どんどん路地の奥へと進んでいきます。路地に落ちている小石や葉っぱや花びらを、少し歩いては拾い、少し歩いてはまた拾い、手に握りしめながら歩いているのはかなめちゃん。

りょうたくんとあかりちゃんはゆるやかな斜面を前にし“おっとっとっと～”と保育士がかけおりる様子を見てまねっこ。2人で保育士と同じように斜面をかけおりて“ニィ～”っと笑って顔を見合わせています。そして、指を一本立てながら「モウイッカイ！」。

斜面も通り抜け、さらにみんなと奥へ……と、保育士が、そばにいたはづきちゃんの手をとり、サササー！ 手をつないで、路地の奥に先回り。家の塀の影にちょこんと身をかくし、２人で顔を見合わせニンマリ。すると、すかさず走って追いかけてきたあかりちゃんとあんなちゃんが「バァー！」と大きな口を開け笑いながら塀の角をのぞき込み「(み～つけ) ター！」。

そして2回目！ 次は、はづきちゃん、あかりちゃん、あんなちゃん、保育士でもう一度みんなの先回り。路地の先の茂みの陰にしゃがみ込み「もういいよー！」と叫びます。……もう一人の保育士が「３人がいないね～。先生もいないね～」と、みんなに声をかけています。かくれている３人は、「シー(静かに)」と指を一本、口の前に出し、顔を見合わせながらニヤニヤの緩んだ顔から思わずもれそうになる笑い声を、じーっとがまん、がまん。みんなの足音が近づいてくるのを待ちます。

＊　＊　＊

あそびのきっかけをつくったのは保育士。でも、あそびを選ぶのは子どもたちです。子どもが自発的にやりはじめたことにそって……というより、この場面ではおとなが先に“みてみて！ こんなことってすてきじゃない?”と子どもたちの前で動いています。ワクワクドキドキの期待感たっぷりのあそびを経験していきたい！ と願うおとなとの信頼関係と「楽しかった」と思える経験のくり返しがあってはじめてこういうあそびができていくのだと思います。

「あそびのきっかけをつくったのは保育士。でもあそびを選ぶのは子どもたち」とは、見事な表現です。子どもたちが「自発的にはじめたこと」でなければ「主体的」ではない、と誤解されることがありますが、そんなことはありません。子どもたちみずからが「選びとって自発的に遊ぶ」ところに「主体性」が発揮されると考えて、その「選択肢になりうるあそび」をどう保育者がしかけていくかがポイントだと思います。

さて、このころ、低月齢グループの子どもたちの散歩では……。

コワイ、ナンダロウ……

小さいグループさんたちはワゴンに乗り、赤の宮神社へ。石畳をトタトタ……ヨチヨチ歩いて奥にあるお稲荷さんのところへお参りに出かけました。薄暗い中にある神社にそらちゃんは「コワイー」とポツリ。ガラガラと大きな音がする鈴を鳴らそうと、ぶら下がるように紐をひっぱっているのがゆきなちゃん。ナンダロウ……というまなざしで、紐の先の大きな鈴をずっと見上げています。

薄暗いお稲荷さんと保育士の顔をかわるがわるのぞいていた子どもたちですが、保育士の「あんあん！（お参り）」のことばに、いぶきくん、たまみちゃん、ゆきなちゃんも神社の前で首を“コックリ”。

次は狛犬のある神様の前へ。３段の高い石段をじょうずにはいのぼった子どもたちは、神様をのぞきながら「オーイ!!」。わこちゃん、そらちゃん、だいごくんは石段にはのぼらず、早々に神社に敷き詰められた砂利つかみ＆ポイポイに夢中。狛犬のところへ行っていた友だちも階段をハイハイでおりて仲間入り。それぞれ立ちながら・座りながら、じゃりじゃり・バラバラと小石を触っています。

散歩は、安全の確保を第一に、子どもたちとどこでどんなふうに楽しもうか――と考えるルートの下調べが重要です。同じルートでも季節や時間帯、子どもたちの成長によって楽しみ方が変化しうるのが魅力です。

葉賀さんの記録からもわかるように、月齢でわけたグループでは「似たような要求が存

３人そろってしゃがみ込む
何を見つけたのでしょう

在している」ので、それぞれの小集団の中で「友だちと同じことが楽しい」姿が見られやすいでしょう。歩いたり走ったりすることが自由になってきた高月齢グループの子どもたちは、路地に落ちているいいモノを拾ったり、ちょっとした斜面下りを楽しんだり。マテマテあそびといないいないばあとを合体させた「かくれんぼ」もはじまりました。

少人数の散歩だと、かくれる側と探す側、「あ！」と発見を伝える側と受ける側、といった立場の交代を含む対話的な関係がつくりやすく、クラス全体でのあそびよりも密度の高いかかわりを生み出すことができます。

一方、低月齢グループでは、目的地までは安全を優先してワゴンを利用。いつもの園庭や公園とは違って、薄暗い神社はちょっと「コワイー」と保育者に身を寄せる子どもたちでしたが、鐘を鳴らして「お参り」したり、石段をはいのぼったり、ジャリをつかんでポイポイしたり……と、同じことをしたい者同士、異空間を楽しむ姿が見られました。

歩きはじめてまもない１歳児にとって、散歩は歩くことそのものが楽しく「心地よい身体感覚」につながる活動として大事にしたいものです。

小道具が広げる世界・結ぶ関係

しっかり歩けるようになってくるころ、逆に歩きしぶったり、散歩に向かう気持ちの切り替えができにくかったり、手つなぎを嫌がったり……という姿が見られることがあります。そんなときに工夫してみたいのが、心の支えになって散歩をより楽しくする「マイ・グッズ」です[3]。

トイレットペーパーの芯を使った「ボウエンキョウ」を持ってワゴンに乗り込むと、いつもの風景が違って見えて新鮮！ カメラのファインダーをのぞいて世界を自在に切り取ると、あらゆるものが不思議に見える。いとおしく思える。そんな感じかもしれません。「肩掛けバスケット」（牛乳パック製で外から中が見られるようになっている）を見ると、がぜんお出かけ気分になっていざ出発！ 見つけたいいモノを入れて持って帰ることができます。どんぐりでいっぱいにしたバスケットが気になって、帰り道は転びそうになりながら何度も何度ものぞき込む子どもたちです。

豊かな発展可能性をもつ散歩

できることなら、一人ひとりの道草も大事にして、「あ、マル虫！」「穴あな……」といったその時どきの発見を共有し、楽しさを伝え分かち合いたいものです。こうした散歩では、**〈基本的・日常的生活活動〉**と**〈探索・探求する生活〉**にまたがる「動植物に触れる」経験のほか、自然との出会いのなかで**〈探索・探求する生活〉**に位置づけられる「自発的あそび」や「偶発的あそび」があちらこちらで生起し、「探究的知性」が開花していくでしょう。葉賀実践のように、“マテマテかくれんぼ”のようなちょっとしたルールのあるあそびをしかけるなど、「経験共有活動」を通して「共感的知性」を育くんでいくこともできます。幼児期中期～後期になれば、前後の保育活動と結びつけて大がかりな「探検」に行くなど、散歩は**〈創造的で協同的な活動〉**に発展する活動にもなります。

このように豊かな内容と発展可能性をもつ散歩。家では〝お買い物のついで”にバギーに乗せられて外出する機会しかない子どもたちも増えている昨今です。いいモノ探しの目が輝いている１歳児期に、友だちとイッショに、何があるかな？ 何かあるかも？……と、道中そのものを楽しめるような経験ができるとよいなあと思います。

1　レイチェル・カーソン著、上遠恵子訳『センス・オブ・ワンダー』新潮社、1996年
2　レイチェル・カーソン著、青樹簗一訳『沈黙の春』新潮社、1974年
3　服部敬子「はだしっこの『おさんぽ』考―『ひとむかし前』との比較」『おやこ』第20号、はだしっこ保育園40周年記念特集号、2003年、pp.66-76

第Ⅲ部

1歳児クラスの保育をどうつくるか

第Ⅲ部では、1歳児クラスの保育をどうつくるかについて、子どもとの対話や保育者同士の対話、日々の記録の実際や、これらをもとにして互いに学び合い育ち合う保育者集団に焦点をあてて考察しています。

第1章では、新たな1歳児クラスのはじまりの時期に、担任の保育者同士が一人ひとりの子どもの姿を思い浮かべながら「このクラスでどんな保育をしてみたいか」という希望や願いを出し合って、1年を通してのクラスの目標や体験してほしい活動を決め、確認していく経緯を紹介します。

「とりあえず」計画は立てるものの、新入児たちを迎えて保育をはじめてみると、「こんなはずでは……」「これでいいのかな……？」ということが出てくるものです。実際にどんな困りごとや予想外の事態が発生するのか、そんな時どういう手だてがあるのかを、「保育計画が動き出すとき」として第2章で紹介します。

第3章では、ピカピカ新米の保育者が、「笑っていない」カナちゃんの姿に気づいてかかわり方に悩みはじめてから、記録と保育者同士の対話を継続するなかで、どのように自分自身の保育をふり返り、カナちゃんと笑い合えるようになっていったのかをくわしく紹介します。あこがれ、まねし合い、思いをぶつけ合う「集団」の中で子どもたちが育っていくように、保育者もまたそのような保育者集団の中で育ち合っていくという過程を追ってみます。

第１章

1歳児クラスの保育計画が立ち上がるとき

京都・一乗寺保育園　**葉賀美幸さんのクラスの対話から**

第Ⅱ部では、１歳児クラスの子どもたちが友だちと“イッショ”の生活を心地よく楽しく感じながら、好奇心に目を輝かせて、「○チャンモ！」「モッカイ！」という気持ちを育てていく実践を紹介しました。こうした実践は、どのような計画や試行錯誤のなかから生まれてくるのでしょうか。

「保育計画」というと、計画表のようなものを思い浮かべられるかもしれません。もちろん、表のような形にまとめられることが多いのですが、**大事なのは、「保育園の全職員の合意づくり」**であり、「**お互いの保育観や子ども観を一致させていく努力**」が求められます[1]。多くの場合、年間の保育計画は、その園が蓄積してきた各年齢の年間計画と前年度の保育の反省を引き継ぎ、園全体の会議や乳児・幼児クラスでのグループ討議を経て作成されますが、「その年の子ども」の姿は当然のことながら毎年違っています。月齢構成をはじめ、クラスの人数もいつも同じとはかぎりません。発達上の問題を抱えている子どもや、生活リズム上の配慮が必要な子どもが多い年、少ない年もあります。ですから、「その年オリジナル」の計画につくり変えることが必要になります。

新入児たちを迎え、新たな環境の中で子どもたちがどのような姿を見せるかは４月当初の時点では未知数の部分があります。「とりあえず」の計画で保育をスタートさせつつ、子どもたちの様子が見えてきたところで、新しい担任同士で集まり、あらためて年間の保育計画づくりが行われます。目の前の子どもの姿や、お互いの保育観・子ども観を出し合っていくうちに、いろいろ工夫・挑戦したいことが出てくるのではないでしょうか。

第Ⅱ部でも登場した（→94ページ〜）京都・一乗寺保育園の葉賀美幸さんのクラスの場合、４月末に行われたクラス担任の話し合いはこんなふうでした。

1）対話からはじまる保育計画づくり

４月。１歳児クラスもも組は、男の子10名、女の子８名の計18名、保育者４名（うち２名は持ち上がり、１名は顔なじみ、１名は非常勤ではじめて出会う保育者）でスタート！ 18名のうち４名の子どもは新入さんで大泣きすることもありますが、進級の子どもたちは、おしゃべりもごっこあそびもますます楽しくなってきて、友だち同士でかかわる姿も多くなっています。と同時に、たたいたり押したり、時にはかんでしまうというトラブルも少しずつ出てきています。

４月生まれから３月生まれまでと月齢幅が大きく、１歳児18名というのはかなりの大集団です。軽やかに走り回り、スプーンをうまく使って頼もしく食べ、「おかわりちょうだーい！」「いやや！ オトトがいいの！」とことばで主張できる子もいれば、まだまだ靴は真新しく、お昼ご飯中にゆ〜らゆらと船をこいで眠ってしまう子もいます。０歳児クラスとも連携しながら、一人ひとりの生活状況、発達の要求に添う生活をどうやってつくっていくか——むずかしいけれども、子どもたちの笑顔、喜ぶ姿をあれこれイメージしながら、ああだこうだと話し合う保育計画づくりがはじまりました。

十人十色の子どもたちの姿から考える「大事にしたいこと」

「新クラスの印象はどう？」
「全体的にほんわりとした雰囲気ですよね」
「新入さんたちもはじめは手がかかりっきりだったけど、だんだん慣れてきてくれてよかった」
「自営で朝の登園時間が遅い保護者も多いから、朝はわりと時間差で一人ずつの子どもたちを受けとれて、人数のわりにはゆったりとバイバイできるのはいいね」

「しゅんちゃんは月齢が一番小さいだけじゃなくて朝も早いから2回寝でもお昼はちょっとつらそう」

「わこちゃんとまさひろくんはやっぱり、ひとあそびしたらちょっと寝てからご飯を食べるほうがいい感じ。もうちょっと0歳児クラスのお世話になろうか」

0歳児と同様に1歳児にとっても、生活リズムは機嫌や活動への意欲を左右します。そこで、保護者と協力して、「**24時間を見通した生活リズムを確立する。基本的生活習慣の基礎をつくる**」ことが保育目標の1つめにあげられました。

「月齢の高い子たちはこのごろ、友だちの持っているモノがほしいとか、何かしてあげたいとか、友だちへの関心が高くなってきたね」

「長いす（牛乳パック製）を出すと必ず間に割り込もうとしてトラブルになるような……」

「こないだ、場所の取り合いですごい剣幕でイスをひっぱり合ってたから、“こりゃあかん、手が出そうやしやめさそうか、どうしよ～”と思って、あせりながらとっさに『おとなりさん、ねっ』って、並んで2人が座れる場所をトントンとたたいて言ったら、2人が顔を見合わせて急にふっと笑顔になって、『オトナリサン！』って仲よく並んで座ったんです。つり上がってた目が下がってその後はずっと顔を見合わせてニコニコ。びっくりしました」

「イッショに座ったらいいってわかってうれしかったんやろねぇ」

「ジブンノ！ とかジブンデ！ とか思いっきり主張しながらも、やっぱりお友だちとイッショがいいな、楽しいなあって思えるようになっていってほしいですね」

「あまりに人数が多いとごちゃごちゃしてトラブルが増えるし落ち着かなくなるね」

「それぞれの子どもが“受け止めてもらっている”“大切にしてもらっている”っていう安心感をもてるように、ほっこりできる集団をつくっていけたらいいなあ」

「自分の思いはしっかり主張しながら、“次はどんな楽しいことがあるのかな”って期待して、見通しがもてて自分で気持ちが切り替えられるようにもなっていってほしいね」

こうして、大きな2つめの保育目標を「**自我の芽生えや拡大を受け止め、豊かなものにしていく**」とし、とくに「**大人との関わりを軸に、大人と子ども、子どもと子どもの関係を豊かに展開していく**」ことを確認しつつ、「子どもたちが“もっとしたい、またやりたい”って思えるあそびの中身を工夫しないとね」ということになりました。

気になっている室内遊具

「例年、0歳児の部屋に大型遊具（斜面や階段はしごなどの板を組み合わせて遊ぶ木製遊具）、1歳児の部屋にはろくぼくが置かれてるけど……ろくぼくって、今の時期、遊び方がむずかしくない？」

「横に寝かせばトンネルみたいになって、ほっこりできるスペースになりますけど……」

「うん……たしかに、そういう空間って、子どもにとって落ち着けるスペースにもなるけど……なにかトラブルが起きた時に止めにくいんよねえ」

「子どもたち、狭いところ好きですけど、ジブンモジブンモ！ って割り込んでいく時期だから場所の取り合いでかみつきとかひっかきが起きやすいかもしれないですね」

「タテにしたらジャングルジムみたいにのぼって遊べるけど……」

「でもまだ今はのぼって遊べる子って……たいせいくん、アダマくん、いぶきくんくらいじゃない？」

「ろくぼくより、0歳児の部屋に置いてある大型遊具のほうが遊びやすいですよね」

「うーん……でも、毎年大型遊具は0歳児の部屋に固定してるんよね……動かすのって大変そうやしなあ……。でも、ちょっと考えてみたほうがいいかもね」

「ずっと愛用してきてる牛乳パックのイスもちょっといたんできてるし、どんな長さがいいかとか考えて作り直せたらいいね」

「子どもの人数に合わせて牛乳パックの箱も増やせたらいいけど……押入れのスペースが限られてるからなあ〜。子どもたちが自分で出して遊べるおもちゃも、種類とか収納のしかたとか、今のままでいいか考えていかないとね」

進級して部屋が変わってからしばらくの子どもたちの様子を見ていて、「例年通り」のろくぼく設置について「今のままでいいのかな？」というギモンが出されました。気づきを話しはじめると、牛乳パックのイスやおもちゃの収納のしかたも話題にのぼりました。ジブンモしたい、ジブンデしたい、という子どもたちの気持ち・要求を考えるとどれも重要な検討事項です。とりあえず保留ということで、「検討する」ことを計画に盛り込むことになりました。

お散歩ではこんなあそびが楽しいね〜

「天気のいい日はとにかく外に出て、四季折々の自然に出会っていこうね」
「このクラスには砂とか泥が苦手な子はいなかったっけ？」
「新入りさんの中にはあまり好きじゃないって子もいるけど、ままごとの中でちょっとずつ慣れていけそう。友だちがやってるのをじーっと見てるし」
「泥は苦手でも虫を触るのは大好きって子もいれば、ダンゴ虫もイヤー！ って泣き出す子もいるし、ほんと、いろいろだなあっておもしろいわ」
「保育者が苦手意識もってたら子どもにも伝わる気がする」
「そういう時は『ちょっとコワイなあ』って共感することにします」
「この時期、いいモノ探しが大好きだし、ゆったり時間をとって、行く道中でいろんな探索しながら、“こんなのがあったよ！”“前はなかったなあ”“これは何かなあ？ きれいやなあ”とかって発見したり共感したりするお散歩をいっぱいしたいねえ」
「しっかり歩けるようになってくると、お散歩途中でのマテマテあそびとかかくれんぼ、大好きですよね。頭かくして尻かくさず……って、頭も全然かくれてないんですけど、近寄っていくと『ばあ〜!!』ってものすごくうれしそうに出てきて」
「大きい通りは危ないからお散歩カーで移動することもしかたないけど、路地裏でそういう探索とかかくれんぼとかをたっぷり楽しみたいね」

絵本とお散歩、ごっこあそびをつなげて

「０歳児クラスから読んでいた『ピンポーン』（中川ひろたか文、荒井良二絵、偕成社）っていう絵本、みんな好きだけど、このごろ散歩に行くと近所のおうちの壁を押して『ピンポーン！』『どちらさまですかぁ？』『たっきゅうびんでーす』っていうやりとりができておもしろがってますね。月齢の高い子だと、絵本に出てくるキャラクターとかセリフをちょっと入れてお散歩でごっこあそびをすると楽しいなあって思います」

「イメージしにくい子も、なんとなくその雰囲気が楽しそうだもんね」

「部屋にある本もいいけど、もっとおもしろい絵本、たくさん見つけてどんどん読んでいきましょう」

「もも組っていうこともあって『ももんちゃん』シリーズ（とよたかずひこ作・絵、童心社）の絵本は毎年よく読んでるね。ストーリーはちょっとむずかしいけど、『ももたろう』（斎藤まり絵、LA　ZOO文、学研教育出版）は桃のはちまきとか身につける小道具を喜んでごっこにもなるし、オニも出てくるから節分にも結びついておもしろいんじゃない？」

「♪もーもたろさん、ってうたも歌いやすいしね」

「スカートはいてうれしそうやったからスカーフ頭に巻いて“赤ずきんちゃん”にしたらものすごくかわいかったわ～」

「子どもより保育者が喜んでたりして（笑）」

「いいんです。保育者が楽しんでたら子どももなんか楽しそうじゃないですか」

「そうそう、おもしろいかどうかわからんことでも、おとなが“これっておもしろいよね～”って感じでくり返してると、１歳児って興味津々でわらわらと寄ってくるしね」

「電車が大好きな子もいるし、写真を切り抜いて手作り電車本、作ってみます」

「今度、駅にお散歩行ってみるのもいいね」

こんな製作活動もしてみたい！

「板庇先生は保問研[2]の美術部会でも熱心に交流されてるし**（→コラム⑦150ページ～）**、描画とか造形あそびのアイデアなにかありませんか？　子どもたちの取

り組みの様子を伝え合って、絵を見合って共通認識がもてるように、絵の学習もしていきたいなーって思ってます」

「とにかく、楽しく共感しながら描いたり作ったりしていきたいわぁ。1対1を基本にしながら、大きな紙に数人で描くこともしたいし、描く道具もロケッタン、プチマジー、ゲルマーカー、タンポ、ローラー、筆、食紅……とかいっろいろやってみたい。造形はまずいろんな素材の感触を楽しむことから、手をしっかり使えるようになって、“○○みたい、○○のつもり”っていうイメージが広がって楽しめるようになっていってほしいなあ～。シールを貼るとかひもを通すとか、両手をうまく協調させて集中して取り組んで、『デキター！』っていう達成感をもてる活動も大事にしたいね」

「描画とか造形のテーマも、季節感を大切にして、階段の踊り場とか壁面に飾ったときに、親子で見て和めるようなものにできたらいいなあと思います」

グループでの活動と「みんなで」の活動を工夫しよう

「今まで話してきたようなことを、一人ひとりの要求に合わせてゆったり落ち着いた雰囲気でやろうとすると18人全員ではむずかしいよね。月齢で２つの小グループにわけて時間差をつけたり活動を入れ替えたりして工夫していかないと」

「でももちろん、“もも組のみんな”っていう意識も育てていけるように、18人全員が顔を合わせる、おはよう、リズム、おやつの時間を大切にしていきたいです。毎朝、みんなの中で名前を呼ばれて返事したり、来ていないのはだれかな？ って考えたりすることってとっても大事だと思うんです。うたを歌ったり、みんなで手をつないで大きな輪になったり、いっしょに大きな声で『いただきます！』って言ったり……やっぱり、全員いるからこそ楽しい、盛り上がるっていうこともあるので、小グループでの活動のよさと全員で取り組むよさを両方意識して集団づくりを考えていけたらと思います」

「おもちゃも、みんなで使うおもちゃと、マークをつけて一人ひとりに確保するおもちゃとを両方意識して用意して、不要なトラブルを避けていきたいですね。“ジブンノ”を支えにして安心感をもって遊べることと、ジュンバンとかかわりばんことか、この時期なりのルールを入れて遊べることと、どちらも大事にしたいと思います」

子どものことばを書き留めて保護者とも共有しよう

いろんな発見があってことばが増えてくるこの時期、子どもたちのつぶやきやおしゃべりを拾っていきたいね〜ということで、ことばを拾ったらさっと書けるように、壁に「おしゃべりボード」画用紙が貼られました(→141ページ資料1ー上)。

このおしゃべりボードは一乗寺保育園１歳児クラスの「伝統」になっており、０歳児クラスと１歳児クラスの間にある部屋に向かう壁の側面に貼られています。「このごろことばが増えておしゃべりができるようになってかわいい」という１〜２歳児の保護者の気持ちに添うもので、思わず「ぷっ」と吹きだしてしまうような“おもしろかわいい”ことばや、子どものコミュニケーションの様子がメモされていきます。保育の合間に書き留められる走り書きなので、「？」という字もあるのですが、それも含めて保育場面の“生”な様子が伝わってきます。０歳児クラスの保護者も赤ちゃんを抱っこしながらちょっとのぞいておられることがあります。

おしゃべりボードのメモは、「今日こんなことが……」と保護者に直接伝えられるほか、クラス会やクラスだよりの中で紹介されることもあり、保護者同士がクラスの子どもたちの様子を共有し、ほっこり笑い合える材料になっています（7／5の記録はとくにおもしろいです）。

じつは一乗寺保育園にはもう一つ、給食室の職員から保護者に向けて書かれる「ボード」があります。日々の給食・おやつに対する子どもたちの反応やコメント、食育にかかわる交流の様子などがカラフルなペンで書かれ、給食サンプルそばの壁に貼られるのです。141ページ資料１の右下に掲載した「ボード」には、１歳児クラスしょうきくんの鋭い発言と、旬を味わう子どもたちの感想が書き留められています。

これらのボードからは、わが子の様子やまわりの子どもとのかかわりがわかるだけでなく、おとな自身が保育を楽しんでいることが伝わってきます。「かわいい盛り」の子どもたちが日中どのように過ごしているかを見ることができない保護者にとって、とてもうれしい取り組みだと思います。

以上のような話し合いを通して、この年のもも組では、おとなに対する

資料1　子どもの「今」を書き留め保護者と共有する2つの「ボード」

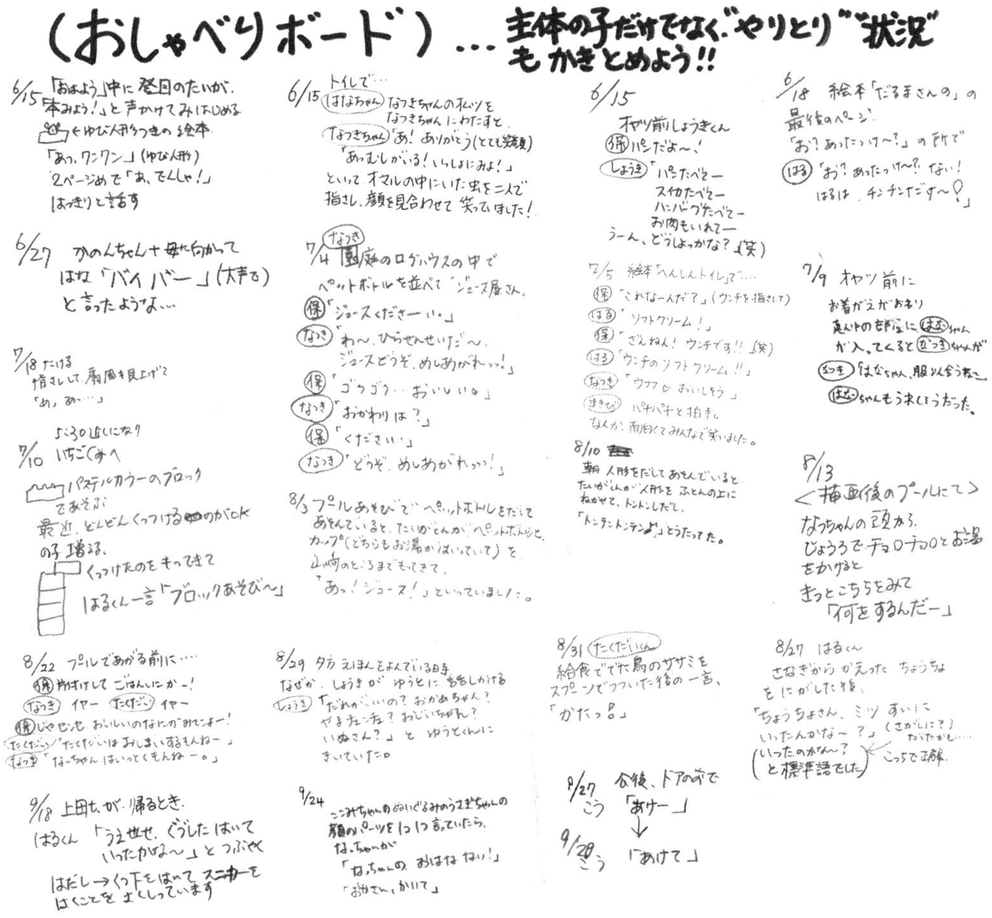

上　クラスの保育者によって書かれる「おしゃべりボード」

右下　給食室職員によって書かれる「ボード」

基本的な信頼感を確かなものにして、友だち大好き、ジブンも大好きな子どもたちになっていってほしい、草花や虫と出会い路地裏でのんびり散歩ができる場所がある地域の条件を生かして、ほっこりと落ち着いて安心して生活できるクラス集団をつくっていこう！ ということで合意しました。そして、もも組の子どもたちが、「食べて、排泄して、寝る」という生理的な面での心地よさを基盤として、四季折々の自然・文化と出会いながら、五感を働かせ、身体、手指をしっかり使って遊び込み、ジブンデすることの喜びとみんなとイッショにすることの楽しさを存分に味わっていけるように……との思いが込められた年間指導計画が立てられました（→143・146～149ページ資料2－1～3）。

2）今年のもも組の「年間指導計画」ができました

保育の構造と目標――子どもを真ん中に、保育者自身も大切に

1年間の保育の見通しをもち、子ども観、保育観を合致させていくための話し合いを経てつくられた一乗寺保育園1歳児クラスの年間指導計画表を、少しくわしく見てみましょう。

年間の保育目標（→143ページ）は、①「**24時間を見通した生活リズムを確立する。基本的生活習慣の基礎をつくる**」こと、②「**自我の芽生えや拡大を受け止め、豊かなものにしていく――1歳半の節を大切に受け止め、豊かに乗り越えていく**」ことがあげられており、この2つめの目標にはさらに、「**大人との関わりを軸に、大人と子ども、子どもと子どもの関係を豊かに展開していく**」ことと、「**身体を使うあそび、手で道具を使うあそび、ことばを獲得し、ことばによるコミュニケーションを豊かに展開していく**」ことが具体的に示されています。

年間目標の③～⑧は、他の年齢とも共通する目標となっており、③安全、④強いからだづくり、⑤食育、⑥保護者との協力・子育て支援、⑦保育者としての力量を高める、⑧保育者の健康と労働条件の改善があげられています。目標の⑥～⑧は、「**子どもを真ん中に、大人同士が対話を通して力を合わせ支え合っていく**」という園の理念・方針を示すものであり、各クラス

資料２−１　一乗寺保育園もも組の年間指導計画（抜粋）──年間保育目標・ねらい・保育上の留意点

年間保育目標

① 24時間を見通した生活リズムを確立する。基本的生活習慣の基礎をつくる
② 自我の芽生えや拡大を受け止め、豊かなものにしていく──１歳半の節を大切に受け止め、豊かに乗り越えていく
・大人との関わりを軸に、大人と子ども、子どもと子どもの関係を豊かに展開していく
・身体を使うあそび、手で道具を使うあそび、ことばを獲得し、ことばによるコミュニケーションを豊かに展開していく
③ 安全な保育を心がける
④ 薄着、散歩や水遊びを通して強いからだをつくる
⑤ 楽しく意欲的に食べられるように働きかける
⑥ 保護者と共に子育てをする
⑦ 保育者としての力量を高めていく
⑧ 健康で働き続けられるように気をつける

ねらい

Ⅰ期（４〜５月）
・新しい環境に慣れて安定した園生活を送れるようにする
・子どもの気持ちを受け止め、丁寧に関わり信頼関係をつくる
・初めての集団生活を不安に感じる新しい保護者・進級の保護者も安心感がもてるように配慮する

Ⅱ期（６〜８月）
・季節の変わりめに元気に過ごせるようにする
・好きな遊びにじっくり取り組む
・子どもの生活の安定を図り、自分でしようとする（生活の主人公になろうとする）気持ちを尊重する
・友だちや保育者と一緒に夏の遊びを楽しむ

Ⅲ期（９〜 12月）
・気候や体調に留意しながら、戸外遊びや散歩をして自然に触れる
・様々な活動のなかで、保育者の仲だちのもと友だちとの関わりを楽しむ
・全身を使う遊びを充分に保障する
・行事に無理なく楽しみながら参加する

Ⅳ期（１〜３月）
・寒い日でも、戸外で元気に遊ぶ機会もつ
・行事を取り込んだ生活を友だちといっしょに楽しむ
・進級への期待感を持てるようにする
・保護者とともに子どもたちの成長を喜び合う

年間通じての保育上の留意点

● 一人ひとりの子どもの気持ちや要求を満たすことを前提とし、計画重視でなく余裕を持った活動内容を組む。
● 月齢、育ち、目的などに応じて「グループ分け」をしていく（午前中、夕方）。
● 他クラスと交流していく、いちご組とは生活中で交流・協力していく。
◇ 子どもの気持ちを受け止め、ていねいにかかわることで情緒を安定させて、安心して生活できるようにする安全確保について職員の共通認識・意識を高めていく。
◇ 新しい環境に慣れて安定した生活ができるように環境構成をする。
◇ １歳児は言葉の理解がめざましい時期。ことばがけはゆっくりと丁寧に、見通しが持てるように働きかける。
◇ トラブルはそれぞれの思いを代弁し、やさしく語りかける中で、お互いの存在に気づいていくようにつなげていく。
◇ 子どもの様子を伝え合い、絵を見合って、学習していく。
◇ 園外保育の留意事項の徹底。

における理想的な保育を実現していくために必要不可欠な条件づくり、運営上の留意点にかかわる目標であるといえるでしょう。

つまり、この園の年間保育目標は、〔1〕「年齢に対応する目標」(①・②)、〔2〕「園全体で大切にしていること」(③~⑤)、〔3〕「運営上で留意したいこと」(⑥~⑧)のように3つの層で成り立っていることがわかります。

この園のように、保育者の健康や力量形成、労働条件の改善にかかわる目標まで各年齢の年間指導計画に明記されることは珍しいかもしれません。計画の立案やふり返りの時どきにクラス目標とともに確認し合うことで、日々、子どもと保護者のことで頭がいっぱいになりがちな保育者が、「保育を担う主体者」として自身を大切にするという意識を高めていくことができるのではないでしょうか。

また、一乗寺保育園の計画表における「生活」「あそび」「課業」の内容は、おおよそ、本書で整理した保育の構造における**〈基本的・日常的生活活動〉〈探索・探究する生活〉〈文化に開かれた生活〉**にそれぞれ対応していますが、この「あそび」の中には、**〈文化に開かれた生活〉**や**〈創造的で協同的な活動〉**も含まれています。「マテマテあそび」「かくれんぼ」など、この時期に保育者が先導してしかけるあそびは、**〈文化に開かれた生活〉**の「経験共有活動」に、「**子どもたちのアイデア(つもり)をいかし、小道具、大道具を工夫してクラスのみんなが楽しめるごっこあそびをつくり出していく**」(Ⅳ期)**(→149ページ)**取り組みは、**〈創造的で協同的な活動〉**に位置づけることができます。

本園で大事にされている「集団づくり」の内容は、本書で整理した**〈基本的・日常的生活活動〉**のうち「生活を営む基礎集団の形成、当番や係活動といったクラス活動」(日常生活活動)に対応しますが、幼児期後期にかけて、**〈創造的で協同的な活動〉**が「集団づくり」の重要な柱となっていきます。

柔軟性を盛り込んで——今年度のオリジナリティ

「年間を通じての保育上の留意点」**(→143ページ)**には最初に、「**一人ひとりの子どもの気持ちや要求を満たすことを前提とし、計画重視でなく余裕を持った活動内容を組む**」とあります。「計画」のなかに、「計画重視でなく」と書かれていると、“おやっ?”と思いますが、これは決して、“計画が重要でない”ということではありません。その時どきの「子どもたちの気持ちや要求を考えながら、活動内容を組み替えられるような余裕をもつ」ことがあらかじめ「計画」されているわけです。このような「計画」方針は、子どもたちの気持ちや要求との“対話”（必ずしもことばではない）のなかで計画の中身が柔軟に変化していく（＝動き出す）ことを意味しています。

保育計画を立てるときの話し合いで話題にのぼった「大型遊具・ろくぼく」については、Ⅰ期の「あそび」の欄に、「**子どもの動きに合わせて環境構成・工夫をする。（大型遊具・部屋の使い方の検討・確認）**」**（→146ページ）**、牛乳パックを利用したイスに関しては、Ⅱ期の同欄に、「**おもちゃの充実（牛乳パックのイスを作り直す・こどもたちの様子も見て、箱を増やしていく）**」**（→148～149ページ）**と書き込まれています。また、「**自分たちで出せるおもちゃの配置・工夫をする**」**（→148ページ）**ことも今年度のオリジナルになった部分です。

「子どもの動きに合わせて」「検討」することが計画上予定されていることで、日々、子どもの動きをよく見て話し合い、環境構成の工夫をしていくという柔軟性が盛り込まれたことになります。この検討にかかわる実践は、次の第２章**（→154ページ）**で紹介します。

園として大切にしたい活動

ウァ～!!
お散歩で最寄り駅へ

一乗寺保育園は、１両編成（時々２両）のローカル線に接する公園の一角に建ち、園庭は狭いながらも少し歩けば路地裏や公園、川べりにも遊びに出かけることができます。このように“恵まれた”環境は、踏切や川べり、大通りの車道といった危険と隣り合わせでもあります。

年々変化し、季節によっても大きく変化する散歩先、道中の下調べを丹念に行い、近所にお住まいの方々との関係も大事にしながら、１歳児の身体づくり、「あそび」の重要な柱として「散歩」が位置づけられています。子どもたちの発達や季節の特徴をふまえ、時期によって散歩のしかたが工夫されていることがわかります**（→146～147ページ）**。

資料2－2　一乗寺保育園もも組の年間指導計画（抜粋）──生活・あそび

	Ⅰ期（4・5月）　　Ⅱ期（6・7・8月）
生活	〔食事〕・楽しい雰囲気になかで落ち着いた食事を心がける。苦手なものも励ましで食べられるように働きかける ・丁寧な個別対応 ・しっかりかんで食べるように働きかける ・子どもの生活リズムやグループに合わせて食事時間を設定　4月：睡眠に合わせて　5月現在：時間差15～20分 ・食事前の手洗い（外遊び・粘土遊びの時は石けんで洗う） ・「いただきます」「ごちそうさま」のあいさつ ・自分で食べる意欲を育てる（手づかみをしながらスプーンで食べることを働きかける） ・食事後、自分でタオルを取りに行くように働きかける ・アレルギー除去食児への対応（机、タオル、食事場所、食後の動線などに留意） ・食事時間に気をつける（12：30までには終了） 〔睡眠〕・早寝早起きを基本に生活リズムを安定させる ・ぐっすり睡眠がとれるような環境（温度、湿度） ・２回寝の保障・ＧＷあけ～全員１回寝へ（変動ありながら） 〔排泄〕・生活の節目（オムツがぬれてない時）におまる・トイレに座る　・出たら食事中はパンツに ・午睡中、全員紙パンツ　・月齢高い子・トイレで出た子は夏頃からパンツにする機会をつくる 〔着脱〕・保育士の援助で服・靴の着脱をしようとする ・自分の靴箱から出し入れするように促す 〔健康〕・薄着を基本にしつつ、季節・天候・個人に応じて衣類を調節する ・子どもの体調は熱の高低だけでなく、全身症状をみて判断する ・予防接種の接種状況の把握 ・肌のトラブルは保護者と相談しながら対応 〔清潔・安全〕・かみつき、ひっかきへの配慮。子どもの様子を伝えあいながら、ゆったり過ごす保育環境づく ・子ども同士のトラブル、けが、伝染病などには速やかに対応する　・危険箇所の改善　・戸外での保育 ・O-157の予防（手洗い徹底、オムツ替え・子ども自身のパンツ着脱はマット使用。掃除をきっちりする）
あそび	〔戸外遊び〕 ・園庭で遊ぶ……砂・土・泥・水にたくさん触れて遊ぶ（おもちゃ、道具も使いながら）　・屋上でも ・探索活動をする　・園庭の遊具で遊ぶ ・歩くこと、探索（散歩）を楽しもう 近場から徐々に （→園舎北側・ちびっこ広場園庭の探索活動。地蔵本公園、高槻公園） ・四季の自然に触れる（草花、小動物、鳥、虫） 季節の植物（タンポポ、桜、チューリップ、藤の花など） 生き物に触れる、出会う （犬、猫、蝶々、イモムシ、アリ、鳩）──（カエル、セミ、バッタ、カメ、魚、ザリガニ） ・水遊びやプール遊びを楽しむ　・感触遊びを楽しむ 〔全身運動〕 ・歩く、走る、登る、すべる、ぶらさがる、とぶ、とびおりる等の動きを伴う遊び ・階段の上り下り（通年）　・巧技台、大型遊具などを組み立てる ・子どもの動きに合わせて環境構成・工夫をする。（大型遊具・部屋の使い方の検討・確認） ・運動会に向けて、クラスのみんなで共有して楽しめるイメージをつくり出していく ◇イメージをふくらませる題材をさがす

Ⅲ期（9・10・11・12月）	Ⅳ期（1・2・3月）
→	→
→・自分でタオルを取り、自分で口をふくように働きかける →	
→	→
・月齢低い子も機会をつくる →	
・パンツボールを自分のロッカーから出す（子どもの様子をみながら） （※ズボンの中に紙パンツとシャツを入れて丸くまとめたもの） →	
→	→
りや生活づくりを心がける →	
には特に注意する　・子どもの危険行動に配慮	・応急処置・応急措置を復習もしながら学ぶ（研修への参加）
・探索活動を充分にする　・公園遊具で気をつけて遊ぶ →	
→	→
○散歩に行く機会を増やす。歩くこと、探索を楽しもう →◇個人差も重視しながら歩行の確立を目ざす	・寒い日でも戸外で歩くこと、探索を楽しもう ・少人数で歩いて行く散歩を取り入れる
お散歩カーを使っての散歩から、歩いていく散歩に様子を見て変えていく（お散歩カー併用へ移行） （→地蔵本公園、高槻公園、赤の宮神社、路地裏散歩、塚本公園、消防署、茶山駅、疎水沿い、辻公園、高野川）	
→	→
園庭にある季節の植物（ざくろ、さつまいも、稲、落ち葉）	・季節を楽しもう（雪あそび、氷あそびなど）
→（バッタ、カマキリ、トンボ） ・マテマテあそびやかくれんぼを楽しむ ・プチカート、ボール、大縄など ・おいかけっこ、よーいどん、しっぽとりなど	
・生活発表会に向けて、クラスのみんなで共有して楽しめるイメージをつくり出していく ◇イメージをふくらませる題材をさがす	

なお資料2－1～3は、1枚の大きな表の形にまとめられている同園の1歳児クラスの年間指導計画を5ページにわけて作成。子どもの名前、日付、行事予定、手あそび・うた・絵本の題名などは割愛した。この他、造形活動計画**（→コラム⑦150ページ～）**や、食育計画**（→コラム⑧152ページ）**も合わせて作成されている。

資料2－3　一乗寺保育園もも組の年間指導計画（抜粋）――あそび（つづき）・課業・集団づくり・家庭との連携

	Ⅰ期（4・5月）　　Ⅱ期（6・7・8月）
あそび（つづき）	**〔ごっこ遊び〕**みたて・つもり・生活の模倣を楽しむ―― ・室内ごっこ　（個人用：人形５月　その後、箱）　・落ち着いて遊ぶ工夫……机、巧技台、マット、敷物など ◇人形の置き場所を考えていく ◇おもちゃの充実（牛乳パックのイスを作り直す ・自分たちで出せるおもちゃの配置・工夫をする ・園庭ごっこ　・ごく簡単な集団遊び（あぶくたった、おおかみごっこなど）
課業	**〔音楽・うた・リズム・手遊び〕**・楽しいうた、季節のうたをうたう。いろんな手遊びをする（うた、リズムの相談） ・保育者のうたや手遊びを見聞きし、リズムにのってからだを動かす・他クラスとのリズム（まず、りんご組と） ・リズムのピアノは順番に担当する **〔描画〕**・楽しく共感しながら描く　・１対１を基本に、１対２なども取り入れる　・月２回は取り組みたい―― ・大きな紙での共同画（シート敷く） ・「こいのぼり」　ポスカラ＋シェービングブラシ ・日頃の描画は水性ペン、クレパス。その他いろんな素材を使う（ゲルマーカー、タンポ、ローラー、筆、 **〔造形〕**・感触遊びを楽しむ　・手の動きを豊かに太らせる活動　・イメージを育てる活動　・手指を使った遊び ・季節感を大切に。踊り場掲示の壁面製作　４月……シール、両面テープ　＊３月までの月々のモチーフ、 ・寒天粘土、油粘土（紙粘土）……ちぎる、丸める、にぎる、のばす、たたく、つまむ、ひっぱる、棒さし、 ・夏場の感触、感覚遊び（寒天、片栗粉、粉えのぐ、指えのぐ：フィンガーペインティング、ボディペイン ・手先の遊び……キャップ入れ、棒おとし、ブロック、積木、スタンプ、ひもとおし、シール、両面テープ、 **〔言語・認識〕**・言葉でコミュニケーションする力を生活のなかで広げていく ・ことばがけはゆっくりていねいに。見通しがもてるように働きかけていく ・子ども同士のトラブルは、双方の思いをくみ取り伝え合う仲立ちをする。やさしく語りかけるなかで、 ・絵本や紙芝居、手遊びやうたを楽しみながら、言語の発達を促す ・おしゃべりボードに書く（言葉だけでなく、簡単な状況も書く）
集団づくり	・小グループをつくり、子どもが安定した雰囲気の中で生活して、見通しをもてるようにしていく ・全員が顔をそろえる「おはよう」「リズム」「おやつ」などの時間を大切にする ・遊びや生活のなかで、子ども同士の関わりを広げていく。同じおもちゃ・遊具でいっしょに遊ぶ。 ・他クラスとの交流（リズム、散歩、朝夕の保育、すいか組のもも当番）
家庭との連携	・新入園児の家庭訪問（完了） ・入園式、ミニクラス会 ・クラス会……４月：自己紹介、近況・我が子を語り聞くを中心に　６月：「１歳半の節」をテーマに。 ・個人面談　・夏のおたより ・「保育参加」を取り組む ・朝夕の保護者との対話を大切にする＝担任間で伝達しあう（その日のことはその日のうちに） ・親睦会の取り組み……近々年間予定の相談　まずは歓迎会：６月中でアンケート ・かみつき・ひっかき等の保護者への対応をていねいにする（基本は双方に口頭で伝える。

Ⅲ期（9・10・11・12月）	Ⅳ期（1・2・3月）
→	→
・こどもたちの様子も見て、箱を増やしていく）	・子どもたちのアイデア（つもり）をいかし、小道具、大道具を工夫してクラスのみんなが楽しめるごっこあそびをつくり出していく
・さくらんぼくらぶのリズムに参加（10月～３月）→ （※地域への園庭開放に集う子どもたち）→ → Ｓブラシなど）……教材研究続ける → の工夫（研究・開発）→ 内容を考える（予定をたて見通しをもつ） みたて・つもりのイメージで遊ぶ → ティング）など 新聞・広告ちぎりなど → お互いの存在に気づいていくようにする →	
（安心感・安定感を基軸におく） みたて・つもり遊びの共有 →	
全体のあと３グループに分かれて話し合う　９月：今後考える ・顔をあわせにくい保護者、配慮の要る保護者に気を配る できないときは電話、手紙）→	３月：成長を確かめ喜び合い、進級への話し

column 7　1歳児クラスで楽しい感触・造形あそび

板庇昌子　京都・一乗寺保育園

手指を使って道具を駆使しはじめる1歳児。いろんな素材の変化を感じながら指先や手を十分に使って、動きや感覚を太らせ、ジブンデデキタ！ 喜びを味わえる取り組みを大切にしていきたいものです。葉賀美幸さんといっしょに1歳児クラスを受け持ったこの年も、感触あそび・造形あそび・描画などの活動を保育計画に位置づけ（→139ページ）、たくさん楽しみました。その一部を紹介します。

●同じ感触・つもりでつながる

園庭での砂あそびや泥んこあそびはもちろんのこと、新聞紙を使ったあそびも日常的に楽しんできました。思い思いにびりびり破ったり、くしゃくしゃにしたり、それなりの形にしてみたり……同じ素材でくり返し遊ぶことで、子どもたちの姿にも変化やたくさんの発見がありました。

粘土あそび（油粘土・小麦粉粘土）も年間を通して取り組みました。小麦粉に水を加えたときに白い粉から突然きれいな色が出てきてびっくり（あらかじめ食紅をしのばせておく）！ 時にはそんな「ワクワク」を用意することも。コロコロ丸めたりのばしたり、ペンペンとたたいたり、押したり、ちぎったり、棒刺しをしたり、いろいろなものにみたてて共感し合ったり……手を動かしながら、友だちやおとなとのやりとりも楽しんでいます。

おとなに作ってもらったもの（食べもの、車、動物、指人形など、おとなも結構夢中で作ります）で遊んだりもします。誕生日ケーキなどは友だちの名前を入れたうたを歌ったりしてうれしそう。時計や指輪、首飾り、カチューシャ、めがねなど身につけるものも大好き。1人にしてあげると「○○ちゃんもー」「作ってー」とリクエストが続きます。同じつもりや楽しさが広がっていくと、飽きてくる子もいないようです。

●夏はプールあそびにつなげて

夏は寒天あそびと氷あそび。食紅で色とりどりに固めた寒天をクッキー型で型抜きしました。おとなもつい「おいしそう」と言ってしまうのですが、「たべたらあかーん」と子どもたち。部屋で遊んだあとはプールへ。すくったり集めたり、カラフルな寒天の浮かんだプールで遊びます。氷あそびでは、冷たいだろうに、抱えて確保しているりょうたくん。つむぐくん、だいごくん、かなめちゃんは思わずぺろぺろー、うっとり～となめています。

石鹸を泡立てて泡だらけにしたプールの中をワニ泳ぎするたいせいくん、まさひろくん、そらちゃん、あんなちゃん。プールの泡を透明カップですくうとソフトクリームのようにも見えます。はづきちゃんとあかりちゃんはケーキ屋さん。スポンジに泡をふんわり生クリームのように乗せて、ビート板の上に並べて運んで来てくれます。

●新たな素材に真剣そのものの

製作・描画活動でもいろんな素材に挑戦。おもにはロケッタンやクレパス。絵具とタンポで描くことも抵抗なくできるようになってきました。くしゃ染め、スタンプ押し（野菜

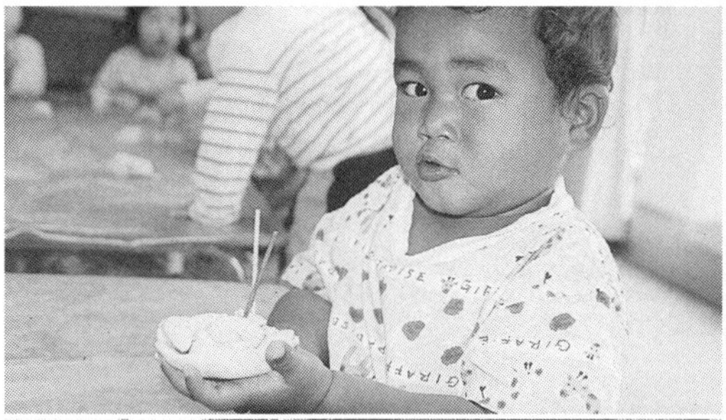

左上　誇らしい気持ちがあふれる粘土のお誕生ケーキ
右上　おっきい紙にみんなでのびのびジージー（8月）
左　雪が降ってきた!?……
くり返し楽しんだ新聞紙あそび
左下　千代紙シールで作ったいろんな表情が楽しいおひなさま（3月）
下　野菜を型押しして、もも組当番でお世話に来てくれた年長さんのためにランチョンマットをつくる（3月）

など）、シール貼り（障子紙や千代紙に両面テープを切って貼っておき、子どもたちがめくってはがせるようにする）など、保育者も研究を重ねてバリエーションを広げます。7月にはＯＨＰシートにポスターカラーで色を塗った“おばけ”ののれん作り**（→101ページ）**。日常の保育ともリンクさせて年度当初に計画していないことも楽しみました。

新たな素材を前に手先を使う時の1歳児の目は真剣そのものです。シールの貼り方にも、月齢の特徴や一人ひとりの好みが出るもので、どんどん重ねて分厚くなっていたり、まんべんなく貼っていたり。いずれにも「モット、モット……」という自我の拡大期の「密度の高さ」をみることができます。「顔」が描けるようになる子も出てきますが、「目鼻口シール」を渡してみると、「!?」。かなりユニークな顔立ちになっていっしょに大笑い。

●作ったものを飾っておくことも大切

階段の踊り場を利用しての壁面製作は、季節感を大事に毎月取り組んできました。日々の階段ののぼりおりのときに「○○ちゃんのどれ？」「○○ちゃんのあったー」など自分のを確認したい子どもたち。自分が作ったということを実感しているようです。送迎のときも壁面を見ながら親子で会話しているほほえましい光景が見られました。

column 8　給食室の年間計画

京都・一乗寺保育園の葉賀美幸さんの実践中、運動会の「おばけちゃんクッキー」**(→103ページ)**を作ってくれた給食室は、玄関を入って乳児クラスに向かう階段に面した場所にあります。歩けるようになった1歳児は給食室入口の柵にかぶりつくようにのぞき込み、「マンマのチェンチェ」たちに笑顔で声をかけてもらいます。給食室の先生たちは、食育や行事でも活躍し、子どもにはもちろん保護者にも大人気！ その一乗寺保育園の給食室の年間計画からとくに1歳児保育と「対話」にかかわる部分を抜粋して紹介します。

●給食室年間計画より一部抜粋

	4月	5月	6月	7月	8月	9月	10月	11月	12月	1月	2月	3月
季節の食材	エンドウ豆・新ごぼう・新じゃが・筍・うど・ふき・新キャベツ・鰆・鯵		とうもろこし・南瓜・きゅうり・トマト ピーマン・ズッキーニ・オクラ			さつま芋・里いも・大根・ブロッコリー きのこ類・さんま・サバ				黒豆・こんぶ巻・ほうれん草 七草ごはん・水菜・春菊		新ごぼう 新キャベツ
季節のおやつ	さくら餅 うぐいす 蒸しパン	かしわ餅 若草まんじゅう	水無月	かき氷 わらび餅		月見団子 おはぎ	メダル クッキー 芋ようかん	芋棒 スイート ポテト	がんばってね クッキー クリスマ スケーキ	栗 きんとん	鬼まん じゅう リクエス トおやつ	3色 ゼリー ぼたもち
0・1歳配慮	小豆 おにぎり	小豆 蒸しパン	(同上)	ゼリー		きなこおにぎり 小豆おにぎり	クッキー 芋ようかん	(同上)	(同上)	(同上)		

※10月のメダルクッキーは、運動会の各年齢のテーマにちなんで「メダル型」に焼いたクッキー。
※12月のがんばってねクッキーは、生活発表会の前日にテーマにちなんで焼かれるクッキー。

●年齢別配慮（1歳児クラス部分抜粋）

・月齢に合わせ個々に対応していく。とくに配慮が必要な子どもは面談をして詳しく対応方法を確認し決めていく。
・年間を通して幼児食より薄い味付けにする。カレー粉などの香辛料は使用しない。
・白玉粉は薄力粉・上新粉で代替していく。板こんにゃくは糸こんにゃくを使用する。
・食欲に合わせ、おかわりの調節をしていく。
・自分で食べたいという気持ちを大切にするため、アレルギー源の食材「卵」はクラス全体で除去していく。

●保育士（クラス）**との連携**

・食に関する話題はもちろん、いろいろな子どもの話を聞かせてもらったり、給食室と子どもの会話を伝えたりと日常の会話を大切にしていく。
・その日その日でクラスの状況も変わると思いますが給食やおやつの片づけなど大変なときは遠慮なく声をかけてください。行けるときは行かせてもらいます。

●職員集団

・今年度も離乳食1人、幼児食2人の役割分担を決めた。担当は決まっているが、全員がどの仕事もしっかり把握した上で取り組んでいく。
・よりよい給食作りや子どもたちのためにしてあげたいことを実現するために行事前の会議だけではなく、調理中やおやつの片づけの時間も利用して意見を出し合う。
・給食室内の気温は外気温の変化だけでなく、火やお湯を使うことによって急激に変化するので、自分の体調管理はもちろんのこと、お互いが体調に気を配りフォローしていく。
・～中略～危険な作業があるので体調の悪い時は直ちに申し出て危険を回避することも重要である。

●保護者とともに

・保育園での取り組み（とくに食育やお手伝いなど）を伝え、家庭で話題にしてもらえるよう月々のお便りを充実させる。
・玄関の見本とボード（※保護者に向け子どもたちの姿などを書く**→141ページ**）は小さな紙面ではあるが大事にしたい。
・作品展（※給食室も展示や試食コーナーを準備して参加）は多くの保護者と交流できる日なので、期待の持てる場・学びの場となるようにする。

第2章

1歳児クラスの保育計画が動き出すとき

さて、「その年オリジナル」の年間指導計画が立てられると、複数担任の間で子ども観、保育観を一致させた保育がスタートすることになります。年間指導計画の目標や内容は、期、月、週などの時間単位で具体化し、適当な時期・時間単位でふり返って評価・反省しながら次の時期の計画につないでいくことが必要です。

「こんなふうに生活してほしい」「ああいうことも取り入れてみたい」など、保育者の願いがこめられた計画ですから、イメージ通りに展開できればスムーズなのですが……予想外のこと、放っておけないことが起きるのが実際の保育。「生もの」と言われるゆえんです。そんなとき、予定された「ふり返りの時期」までずるずると計画通りに進めていくと問題が大きくなりかねません。

この章では、①「これまでと同じ」計画の環境設定に疑問を感じはじめて……、②はじめての取り組みを計画に取り入れてみたら……、③「これまでのやり方」で子どもたちにそっぽを向かれて……という事態に対して、保育者がチームワークで保育を練り直していった実践を紹介します。子どもたちの願いと保育者の願いが響き合ったとき、計画は「絵に描いた餅」ではなく、生きいきと動きはじめるようです。

1 「例年通り」の環境設定を変えてみる
――本当に引き継ぐべきものは何?

京都・一乗寺保育園　**葉賀美幸さんの実践から**

落ち着ける空間をつくりたい――室内遊具、どうする?

４月～５月、慣れない部屋、慣れない生活の流れ。寝食が別の１歳児の部屋のつくり**(→第Ⅱ部95ページ図)**は、０歳児の部屋での生活よりも移動しなければならないこと(や距離)が多く、"落ち着く空間をつくりたい"と思いながらも、毎日バタバタ。新入の子どもたちだけでなく、０歳児クラスから進級してきた子どもたちの中にも不安そうな顔がチラホラあり、手持ち無沙汰のようにウロウロする子もいました。

例年、大型遊具(斜面や階段はしごなどの板を組み合わせて遊ぶ木製遊具)は０歳児の保育室に置かれ、１歳児の保育室には、室内あそびに生かせたらということでろくぼくが設置されていました。しかし、実際４月からこれらの遊具をそれぞれのクラスで受け継いで生活をしてみると、お互いのクラスの実態と遊具の用途(設置の意味)がかみ合っていないのでは……? と思うようになりました。

１歳児の場合、ろくぼくは横に寝かせばトンネルのようになり、ほっこりともぐれる子どもの小さなスペースになりますが、トラブルが起きた時には止めに入りにくくなります。子どもたちが落ち着くまでは、不必要なかみつき・ひっかきを起こしやすくなる要因になってしまうかも……? 縦にすれば、ジャングルジムのように、のぼって遊べる! でも、"手をかける"より"手でにぎる"ことが必要で、前半期は楽しく遊ぶことはむずかしいのではないか？……などなど、子どもたちの姿を思い浮かべた時、「楽しい遊具ではあるけれど、進級直後（春）から、かみつき・ひっかきが多くなるであろう時期（夏ごろ）には少々つきあい方を考えていかなくてはならないな」と感じました。

そこで、０歳児クラス、１歳児クラスの担任で話し合い、例年０歳児保育室に置いてあった大型遊具を、今年度はじめて子どもたちの進級といっしょに１歳児クラスの部屋に引っ越しさせることにしました。

昨年度からのあそびがよりどころになって

部屋の真ん中にどーん！ と置かれた大型遊具はなんとも魅力的でした。斜面の板を出して作りはじめると“ナニナニ？”と寄ってきて、保育士の「どうぞ〜!!（遊んでいいよ〜)」というその時を待っている子どもたち。昨年度（０歳児クラス）後半を中心にたっぷりと遊び込んで慣れ親しんできた大型遊具です。不安そうな子、ウロウロする子どもたちもぐっと引きつけて楽しい時間をつくってくれました。

月齢の大きい子は友だちと手をつないだり抱き合ったりしながらいっしょ

みんなでシューッ！ 子どもたちを引き寄せる大型遊具

にすべってみてニコニコ。月齢の小さい子は４月、５月と遊び込んだことで、０歳の３月の時点ではヨタヨタと、たどたどしくのぼっていた斜面を、ぐっと踏ん張ってのぼれたり、かけおりることもできるようになってきました。
“前の年（クラス）から受け継いで”設置した大型遊具は、進級にともなって途切れてしまっていたあそびや生活の流れをつないでくれたように思います。４月から６月まではこのように大型遊具を１歳児クラスに設置し、７月に入ってからは例年通り、ろくぼくを部屋に設置して過ごしました。

進級して生活空間が変化することは、とりわけ乳児クラスや新奇な場面に敏感な子どもたちにとってはおおごとです。保育者が支えになることはもちろんですが、心のよりどころとなる空間やあそびをどうつくるかを、日々の子どもの姿から考えることが大切です。

毎年「この部屋にはこの遊具」と決まったように設置されていた大型遊具について、目の前の子どもの気持ちや動き、身体能力、あそびの展開、トラブルの発生などを具体的にイメージして０歳児と１歳児のクラス担任同士の話し合いがもたれました。「例年」のやり方を問い直し、大型遊具を思いきって動かして……まさに、「動く計画」。この英断は、まずは「落ち着く空間をつくりたい」という担任みんなの願いから生まれたものです。

同じ遊具であっても、そこで何をねらうのかによって、子どもたちへの与え方は変わるでしょうし、子どもたちにとっての意味も変わるはずで

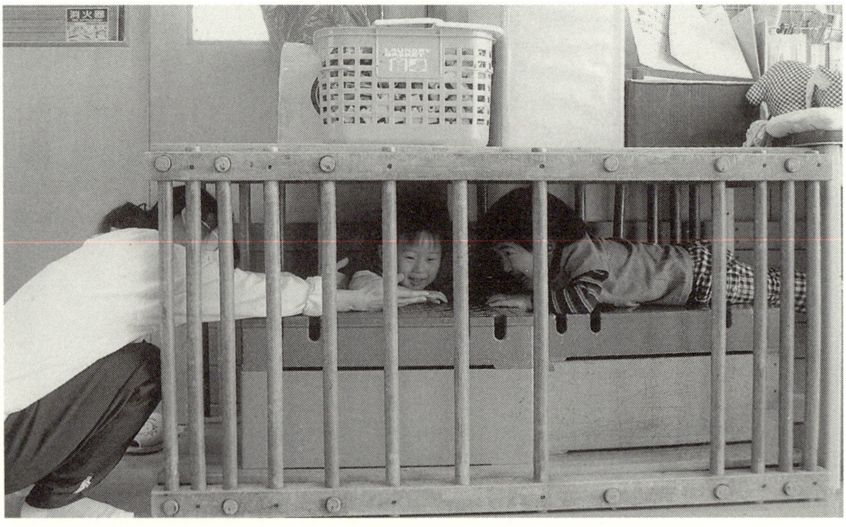

ろくぼくにこっそりもぐっていたら……「おばあさんだよ、出ておいで……」

す。ここに、文化（財）を媒介する保育者としての専門性が問われることになります。当初の年間「計画」は、前年度までのやり方を受け継いで「1歳児クラスにはろくぼく」というものでしたが、実際の保育がはじまると、今年度「受け継ぐ」ほうがよいのは大型遊具だった、というわけです。**0歳児クラスの後半に遊び込んだ大型遊具は、子どもたちにとって途切れてしまったあそびや生活の流れをつないで慣れない生活空間に安心感を与えてくれたようです。**

やってみれば「なんでこれまでやってなかったのかな？」と思うようなことも、案外、園それぞれの「当たり前」になっていて気づかない、ということがあるかと思います。実際、大型遊具は動かすのがタイヘンですし、場所もとるので、この園では0歳児クラスに「据え置き」が「当たり前」になっていました。ちょっとしたことでも「変えてみる」というのは勇気とエネルギーがいるものです。それができたのは、担任同士が普段の気づきを言い合って「そうだねー！」と協調できる場があったからでしょう。**「変えっぱなし」にせず、変えてみたらどうだったのかを話し合うところまでをひとくくりにして、その討議内容を「次」の計画に組み込んでいけると理想的だと思います。**

② トラブル多発時間帯も心地よく笑い合える保育を
――じゃれつきあそびと夕方散歩の試み

東京・T保育園　**渡部洋子さんの実践から**

久しぶりに１歳児クラスをもったベテランの渡部洋子さんと新たに採用されたばかりの若手保育者とがコンビを組んだ実践です。乱暴なかかわりが目立った子どもの姿をどうとらえ、何を願い、どのようにかかわっていくのかについて日々話し合いを重ね、「じゃれつきあそび」や、園ではじめてという「夕方散歩」の取り組みがはじめられました。

ここでの「夕方散歩」は、子どもたちにとってゆったりした探索時間であるとともに、日課における一つの区切りにもなったという意味で、**〈探索・探求する生活〉**と**〈基本的・日常的生活活動〉**の両方にかかわる取り組みと言えます。その散歩がもとになってある絵本が子どもたちの共感をよび、**〈文化に開かれた生活〉**へと結びついていきます。目の前の子どもの姿から思いきって保育を変えていった実践、子どもたちがどんなふうに変わっていったのか見てみましょう。

「じゃれつきあそび」をはじめてみたら……

１歳児ひよこ組は４月生まれから２月生まれ（男児４名・女児６名）の10人。少人数のクラスですが、かみつきや攻撃的な行動が目立ったマコトくん**(→コラム④89ページ)**のほか、エネルギーの高い子が多くいました。

８年ぶりの１歳児担任なので、今までの反省も含めていろいろやってみたいことがありました。「じゃれつきあそび」もその一つで、コーナー作りの工夫から発展させたものです。

まず、環境設定の本[3]も参考にして、日常生活をおくっている室内にダンボールで作った小さなすべり台と長いクッションとふとんを1、2枚敷いたスペースを作りました。からだを大きく使ったあそびを1歳児なりに楽しめる場が必要なのでは？ と考えたからです。30年前の1歳児のときは室内に木の太鼓橋やすべり台があったことを思い出しました。危ない、定員も増えたということでどんどん撤去されてしまったのですが……。

そのスペースにはおとながつくので、ジャンプのときに手を取ったりからだ全体を受け止めたり、ふとんの上でくすぐりっこをしたりして「じゃれつきあそび」をはじめました。高いところにのぼるのが好きな子どもたちには、室内でもたくさん遊べるので好評でした。けれども、楽しくてテンションが上がって、思わずひどくかんでしまう、ということがあったのでしばらく自粛することになってしまいました……。

子どもたちは思いきりからだを動かして他者と「じゃれあう」ことが大好きです。この「じゃれあい」を「じゃれつきあそび」として朝の時間にしっかりと位置づけたら子どもたちの「目がキラリと光る」こと、その後の活動にも生きいきと取り組めることがわかったという実践報告があります[4]。じゃれつきあそびは、触れ合いや情動的あそびの延長上にあって、保育者の周到な環境設定を要する「経験共有活動」といえます。

渡部さんはこうした実践を機械的に取り入れるというのではなく、もともとのコーナーあそびから発展させて、30年前のことも思い出しながら1歳児にふさわしいものとして独自の工夫をしました。ところが、実際にやってみたところ、よい面もあったものの、「テンションが上がって、思わずひどくかんでしまう」という予想外の展開となってしまいました。楽しいあそびの「渦」をつくって子どもたちを巻き込むとそこが一時的な過密状態となり、「楽しいがゆえにかんでしまった」ということも起こるのですね。

新たな取り組みとしてワクワクしながら計画に位置づけられた「じゃれつきあそび」でしたが、早々に「自粛」することになってしまいました。よくも悪くも、計画通りにはいかず、思い描いていた以上のことが起こりうるのが保育です。そこで、**子どもたちの行動や友だち関係をていねいに見直して、まずは「つながりあそび」に重点が置かれることになりました**。そして、友だちと楽しくつながれるようになってきたころに「じゃれつきあそび」を再開すると、最初の時のようなトラブルはなく楽しめるようになりました（→コラム④91ページ）。

同じ取り組みでも、導入する時期により、子どもたちの状態や前後の取り組みとの関係でその作用は異なります。新たな取り組みが、思い描いたようには「うまくいかなかった」という場合、「この取り組みはだめ」「この子たちに合わない」と短絡的に考えるのではなく、この渡部実践のように、「ちょっと回り道してまたやってみる」ような軌道修正ができるとよいと思います。

掃除の時間をどう過ごす？——はじめての「夕方散歩」

新年度がはじまってしばらくして、保育士が部屋を掃除しているあいだの時間をどう過ごすか？ ということが問題になりました。今まではホールに行ったり、ほふく室を先に掃除してその中で遊ばせたりしていましたが、狭い場所にいるとかみつきが多発するし、ホールに行くとおもちゃをひっぱり出すだけで終わってしまうので、何かいいことはないかなあと考えてみたのです。なかなか新しい生活に慣れない子どもたちも散歩に出ると表情がやわ

らぎます。そこで、話し合いの結果、今年はじめて「夕方散歩」に出かけることにしました。

散歩カーに乗せて15分～20分くらいかけて園の周辺をぐるっとひと回り。散歩カーには6人、バギーに4人乗れるのでおとな2人で連れて行くことができます。夕方なので全員で行かない日もあります。午前中の散歩よりずっと近場で、犬の散歩をしている人が多いのも利点です。夕方加配のパート保育士さんが来たら出発。「ワンワン行こうか？」というとおもちゃをサッサと片づけて出発。へんな鳴き声の犬、サメのようにえさを食べに来る鯉、サックスを吹く黒人の人形など、ひよこ組の子どもたちだけが知っている楽しい散歩のポイントがあります。

近所のおじさんやおばさんに「かわいいね～」「えらいね～」「先生たちもたいへんだね～」などとねぎらいの声をかけてもらって、子どももおとなもいい気分。きれいになった部屋に「ただいまー」と帰り、夕方保育にもスムーズに入れるように思います。午前中の散歩は時間も長く活動的で、いろいろな場所に行ったり手をつないで歩いたりたっぷり遊びますが、夕方の散歩は、一日の終わりに向けてクールダウンといった感じです。おとなは夕方にもう一汗かきますが、「今日も一日楽しかったね」という気持ちになれるので、一日の終わりを気持ちよく！ をモットーに続けています。

ほんのちょっとした時間ですが、子どもたちの気持ちをつなぐ貴重な「夕方散歩」。そして、この散歩をストーリーにしたような『おひさま あはは』（前川かずお作、こぐま社）という絵本（身近にいるねこ、犬、木や花、虫がみんなで笑い合うという内容）も子どもたちが大好きなお話になりました。こんなことからも、少しずつそれぞれの子どもがクラスの中で友だちと“いっしょ”に生活する心地よさを感じはじめたように思いました。

『おひさま あはは』
前川かずお 作
こぐま社

じゃれつきあそびをいったん休止して、新たな取り組みとして提案されたのが「夕方散歩」でした。保育者が部屋を掃除する時間というのは、保育者の手がとられ、生活空間も制限されるために、子どもが落ち着かなくなりトラブルが多発しがちとなります。時間的には短いため、場所を移して何かで遊ぶといっても確かに、「おもちゃをひっぱり出すだけで終わってしまう」ため、魔の“隙間”の時間帯と言えるかもしれません。この“隙間”時間の過ごし方について、しかたがない、まあいいか……とあきらめるのではなく、子どもとおとながより気持ちよく生活できるようにと保育者間で話し合い、協力を得て思いきって試みられた実践です。

おなじみの散歩スポットをひとめぐりすることを楽しむ「夕方散歩」が、保育者が見つけた絵本と結びついて、イメージを共有するあそび（文化共有活動）へと発展し、「少しずつそれぞれの子どもがクラスの中で友だちといっしょに生活する心地よさを感じはじめ」ました。**〈文化に開かれた生活〉**における共感は、「安定した居場所の保障」**（「保育の構造」の「第１の層」→46ページ）**とも結びつくことがわかります。

コラム④でも紹介したように、渡部実践のキーワードは「つながる」**（→92ページ）**。かみついたりたたいたりしてしまう子も、友だちと「つながりたい」思いをもっている。けれども、自分でうまく「間」をつくれない（ことばやおもちゃ、イメージを間に入れてかかわるのがむずかしい）。だから、**その「間」をつくりだす「経験共有活動」や「文化共有活動」**が求められるのです。

じゃれつきあそびでのかみつきがおさまってきたのは、散歩をもとにした絵本やごっこあそび、つながりあそびで「間」のあるかかわり方ができてきたからだと考えることができます。「魔」の時間帯を「間」をつくりだすあそびの時間に変えることができた効果と言えるでしょう。

じゃれつきあそびや夕方散歩をすぐに取り入れてみるのはむずかしいかもしれませんが、「現状」で悩みが大きくなったら、「○○したら楽しいかな～」とアイデアを出し合って「現状を変えていく」こともできるんだということを学べる実践だと思います。

3 子どもとの対話でつくりだす保育
——“お決まり”「おはよう」を拒否されて

京都・一乗寺保育園　**葉賀美幸さんの実践から**

一乗寺保育園のもも組では、朝の設定保育に入る前に「おはよう」をするのが日課となっていました。「おはよう」では、手あそびやうたを楽しみ、みんなで絵本を２～３冊見て、保育士に一人ひとり名前を呼ばれたら、「ハーイ」とお返事をしています。２グループにわかれて過ごす設定保育の前に、みんなで顔を合わせて過ごす時間として、短いながらも大事にしています。その日に早出の勤務になっている保育士が「おはよう」を中心的にすすめるのですが、葉賀さんが担当したある日、こんなことがありました。

センセイが“家出”した。

この日は私がすすめなければならない日でした。しかし、おはようをはじめる前から子どもたちはなんだかそわそわ……。「おはようはじめようね」と声をかけても、部屋中イスを押してかけ回り、机の上に友だちと乗る子もいれば、カーテンにかくれてニコニコしていて座らない子が何人かいました。

それでも「○○の絵本読もうか？」「こっちに座る？」「おはようはじめるよー!! おイスにオッチントンやで～!!」と声をかけ、いつもよりそわそわしている子どもたちの様子も横目で見ながら、“これならきっと見てくれるだろう”というみんなの大好きなおばけの絵本や、しかけ絵本を本棚から選びとって……“さぁ!!”と、おはようをはじめました。

ところが、じっくり見てくれていたのは絵本２冊読めるかどうかというほんの短い時間で、カーテンの中や、机の下、机の上でやっぱりご機嫌でフワフワ楽しそうな子どもたち。こっちのことばも一切届いてない様子の子どももいました。そこで、思いきって……。

「もう、お話聞いてくれへんし、イヤー!!」「先生もうイヤやし、おうち帰るー!!!」

そう子どもたちに言い放ち、ベランダに通じるドアから「先生帰る!!」と言って、ぴしゃんとドアを閉めて出て行きました。部屋の中はシーンとなり、残された子どもたちは唖然（中には泣き出す子も……）。その場にいた別の担任が「先生、行っちゃったね」「おイスに座って呼んだら帰ってきてくれはるかなぁ」とフォロー。子どもの中からも「スワッテー！」という声が聞こえてきました。

机の下やカーテンの中でじゃれていた子どもたちもすっとイスに座り、部屋が落ち着いたあとに「〇〇せんせー」とみんなで呼んでくれ、これで私のプチ“家出”は終了……。その後落ち着いて、「今日は～して遊ぼうね」という話をしてから設定保育に入ったのでした。

どうすればよかったんだろう……

“家出”する直前は、さぁ……もう怒りたい!!! 正直心の中ではそう思っていました。が、その時に、すばやくそんな私の表情を察知して“あっ!!”と身構え離れていこうとする子どもを見て、こっちもこのまま怒ることがいいのかとハッとしてしまいました。

こちらの話も聞いてもらいたいですが、子どもの遊びたい気持ちも大事。同じようなことでよく怒られることも、できれば避けてあげたい。あとから考えると、このとき、子どもたち集団の要求と保育者の意図した課題が完全にずれていたのだろうな、と感じました。そんな時に絵本を読んで無理やりすすめようとしても、それはお互いにとって楽しい時間ではありませんよね……。

この場面、一人の人間としての素直な感情と保育者としての理性的な判断との揺れがとてもよく伝わってきます。こちらはとにかく、“子どもたち

子どもとの対話的な“おはよう”には保育者のチームワークが大事

に楽しいことを……”といろいろ考えてやっているのに、勝手気ままにふるまわれたら腹も立ちます。“家出”が最良の選択だったかどうかはおいて、他の担任がうまくフォローしてくれたことで子どもたちは気持ちを立て直すことができました。それがなかったら子どもたちは混乱して不安におちいってしまったでしょうし、そもそも、そういう対話的なフォローへの信頼感がなければ“家出”はできなかったでしょう。

「あとから考えると」とあるように、後半の記録部分は「自分との対話」であり、答えは見つかっていません。“家出”のほかにどういう方法があったでしょうか？ いつもの手あそびも“聞く耳もたず”の様子だったようです。「もう時間だから『おはよう』をしなければ！」という気持ち上の拘束がなかったら別の展開になったのかもしれません。楽しそうな子どもたちのまねをしていっしょにカーテンでかくれんぼをしたり、手拍子からはじめて、♪おばけなんてないさ（伊藤ゴロー作曲）や、♪幸せなら手をたたこう（アメリカ民謡）などを歌いはじめたりして子どもたちの気持ちが響き合ったところで、「さあ、次は……」と展開したり……。

子どもへの深い敬意と対話型の保育カリキュラム、異種専門職の協働、恵まれた保育条件などで知られるレッジョ・エミリア市の保育学校では**「時間は時計によって決められるものではなく、継続性はカレンダー（年間行事表）によって妨害されるものではない。活動やプロジェクトの実行や計画においては、子どもたち自身の時間の感覚と彼らの個人的なリズムが考慮される」**という方針があります[5]。

時と場合によるとは思いますが、だいたいパターンが決まっている「おはよう」の時間でも、子ども主導の「自発的なあそび」「偶発的なあそび」と、おとなが先導する「経験共有活動」「文化共有活動」とをどう結びつけていくかが工夫のしどころですね。葉賀さんのクラスはその後、どうなったのでしょうか。

「おはよう」のやり方を変えてみました

このプチ“家出”について、後々思い出しては職員同士笑い合っていました。「あの時の○ちゃんの表情が……」とか、「やっぱり（おとなの）声は聞こえてるんやなあ～」とか、「みんな、やろうと思ったら（座ることも）できるんや」とか。

この出来事があって、担任で話し合ってから「おはよう」のパターンをどんどん増やしました！ パペット人形、指人形、赤ずきんちゃんのお話人形、おばけちゃん話やペープサートクイズ。うたや体操、ときには「絵本の読み聞かせ」のほうがオマケで（読まない日もあったと思います）、子どもたちに語りかける対話のような時間をたっぷりとってみたりしました。

「プチ家出」をしてからしばらくは、他の担任が子どもたちに「またイヤイヤ言うてたら、先生もイヤーって帰らはるかもしれへんよー」と言ってみると、そそくさと動いてくれる子どもたちもいました。朝登園してくると開口一番に、「おうち、かえったらあかんで！」と言いに来たりする子もいました（笑）。

とっさの“家出”でしたが、時にはこちらが嫌なこともちゃんと伝えてもいいのかな？ とか、面と向かってその子に注意するだけがいつでも必ず必要なのか？ など、「集団が育つ」ということについて考えさせられた「おはよう」でした（もちろん、フォローにまわってくれる他の担任がしっかりいたからやったことですが……。もう“家出”はしたくないです）。

登園後の自由あそびから集団的なあそびや課業的活動に入る前の時間帯に位置づけられる朝の「おはよう」の時間はおおよそ、うたや手あそびで子どもたちの気持ちを集めて——数冊の絵本を読み聞かせて——子どもたち一人ひとりの名前を呼んで様子を確認&お休みの友だちをみんなで確認して――「今日は……」と集団的なあそびや課業的活動の内容を伝える、というような流れで行われていました。葉賀さんはそれまで「絵本の読み聞かせ」と「名前呼び」をしなければ！ という意識が大きかったようですが、「プチ家出」を機に、いろんな人形を使って、素話やクイズ、うたや体操を楽しむなど、**「子どもたちに語りかける対話のような時間をたっぷり」**とるように方法を変えたとのこと。

朝の「おはよう」のような時間については、子どものあそびの流れを重視する考えや、登園時間のずれが大きいという理由から「設定しない」という園もあります。**どちらがよいか？ という対立的なとらえ方ではなく、「するならば何を重視してどのようにするのか？」を問い直すことが大事**であるとあらためて考えました。葉賀さんの気づきのように、その時どきの子どもたちの様子を考慮しない“おしつけ”的な時間になってしまうと、子どもにとっても保育者にとっても苦痛な時間になりかねません。子どもたちの気持ちがぐっと集まるのはどんなときだろう……と注意してみると、人形が「先生」のようなおしゃべりをはじめたり、その時どきの子どもの関心をまじえた素話や、問いと答えの関係があるクイズのようなものを出したりしたときだったようです。

２歳をすぎると子どものほうから「ナンダロウ？」「○○ハ？（どこ？）」「ドーシタノ？」といった「問い」を発するようになり、他者からの問いかけに対して、場所や人の名前、気持ちなどを「答える」ようになってきます。「おはよう」の時間も、対話的なやり方でそうした発達要求に応えていくことが求められるのだと思います。**その際、仲介役として大きな役割を果たしてくれるのが、うたや人形、絵本といった文化（財）であり、**「おはよう」の中でも「共感的知性」が育まれていくと考えられます。

column 9　１歳児クラスで楽しい手あそび

藤井沙織　京都・一乗寺保育園

“イッショ！”が楽しくなる１歳児クラスでは手あそびが花盛り。朝の集まりやお昼寝前、ときにはあそびの最中にも歌います。おなじみのリズムとしぐさで響き合う子どもたち。その時どきの様子を見ながら即興で変えるのも楽しみのうち。くり返していくうちに微妙にアレンジが加えられていくので、元のうたやみなさんの園とはちょっと違うかもしれません。メロディーや歌詞は身近な先輩や本などを参考にしていただくとして、１歳児クラスの子どもたちの“楽しみどころ”を中心にいくつか紹介します。

＊　＊　＊

♪パンダうさぎコアラ

（高田ひろお作詞、乾裕樹作曲）

「おいで　おいで　おいで　おいでパンダパンダ」とはじめると手招きをしながら参加して輪になり座りはじめます。「おいで　おいで　おいで　おいで○○ちゃん　○○ちゃん」と離れた場所にいる子どもの名前を呼ぶと、集まっている子たちも「おいで　おいで～」と手招きをします。呼ばれた子もうれしくって、輪に入って参加しはじめます。

♪指が一本

「バラが咲いた」（浜口庫之助作詞・作曲）のメロディで、「指が一本（人指し指を出す）、指が一本（もう一方の人指し指を出す）指が一本（そのまま）、チョンチョンチョン（３回指先をたたく）、上を向いた（指先を上に向ける）、下を向いた（指先を下に向ける）○○はどこだ、ここ（○○を指さす）……」と「指が一本」から二本・三本とどんどん増やしていき、最後の五本では、チョンチョンではなく、「パンパンパン」と手拍子をします。また○○に入ることばは、物だけじゃなく子どもたちの名前をあてはめて歌うことで友だちをキョロキョロと探して「ここー」と指さすなど、友だちを意識し合って楽しめる手あそびです。この手あそびの中の人差し指はできる子どももいますが、２本指などはむずかしく、その時は人差し指や手のひらを重ねたりします。

♪だんご　だんご　くっついた

手をグーにしてほっぺたにくっつけて「だーんご　だんご　くっついた　あぁ～取れない　なかなか取れない」と歌い、「ん～ポーン」で勢いよく離して「あーよかったね」で手拍子。手をグーにする普通だんごバージョン以外にも小さいだんごバージョン・大きいだんごバージョンがあり、両方とも手で大きさをあらわしています。小さいだんごはポン！と弾けるように離れて、大きいだんごはなかなか離れず、何回も「ん～」と挑戦し、離れたら「あ～よかったね」と大喜び。バージョンを変えることでより楽しいです。

♪りんごがコロコロ

「グーチョキパーでなにつくろう」（斉藤二三子作詞／フランス民謡）のメロディーで、「りんごが（両手をグーにして重ねる）コロコロ（グーの手をクルクル回す）、りんごがコロコロ（同じ）、みかん（両手をグーにして重ねる）カンカン（片手ずつを頭に付ける）、みかんカンカン（同じ）、ピーマン（両手をグーにして重ねる）ピッピッ（片手ずつ親指を立てて出す）ピーマンピッピッ（同じ）、キャベツが

（両手をグーにして重ねる）キャー（手を広げる）キャベツがキャー（同じ）、しいたけ（両手をグーにして重ねる）シー（人差し指を口にあてる）」というしぐさがなんともかわいい手あそび。とくにキャベツがキャーの時にみんなで両手を広げて「キャー」と笑顔で言って楽しみます。この「キャー」が言いたくて、それまでの動きはじーっと保育者の動きを見ていて、「キャー」に全力を注ぐ子もいます。

♪森のかじや

（川口蕗香訳詞、ミヒャエリス作曲）

お昼寝で歌っている曲の一つです。ごっこあそびをしている時にこの曲を保育者が歌うと、子どもたちがお人形に布をかけてあげて歌いながらトントンしたり、うたを聞いて寝転ぶ子がいると他の子たちが背中をトントンしたりと、うたを通してかかわり合う姿が広がっていきます。うたが生活・あそびの中に入って友だちと遊ぶ楽しさがより豊かになっていることを感じます。

♪はちべえさんとじゅうべえさん

（わらべうた）

「はちべえさんと（両手の人差し指で八を作る）じゅうべえさんが（両手の人差し指で十を作る）けんかして（手首をひねりながら指先をあてる）エイヤー（両手をあげる）追ってけ　逃げてけ　追ってけ　逃げてけ（人差し指を人にみたてて指先をくねくね動かしながら左右に動かす）井戸の中に落っこちた（片手を井戸にみたてて筒を作り、もう片方の手または人差し指を筒に入れる）頭を出したら（人差し指を抜いて、筒の下から入れて出す）ごっつんこ（筒を作っていた手をグーにして、人差し指にあてる）あいたたた（人差し指をくねくね動かして痛がる）」……「グー」はごっつんこ、「チョキ」はチョキン、「パー」はパーン、の３つの種類があります。保育者の動き通りにはむずかしいけれど、人差し指をじーっと見つめながら、チョンチョンと両指をあててみたり、指先だけ動かしてみたりと、自分の指と格闘している姿がなんともかわいいです。

♪ごんべさんの赤ちゃん

（小倉和人作詞／アメリカ民謡）

この手あそびをはじめると子どもたちは、最初の「ごんべさんの赤ちゃんが」の保育者の動き（手ぬぐいを縛るしぐさ）はおかまいなしで、「風邪ひいた」のところの動き（抱っこして揺さぶるように両手を左右に振る）を保育者や友だちと顔を見合わせてブンブンとはげしく振りはじめます。そして、最後の「ハックション！」の時は口に手をあててハックションとばっちり決まります。

＊　＊　＊

手あそびは、短大時代に習ったもの・研修などで覚えたものや、保育園で先輩たちの手あそびを見て見よう見まねで覚えたもの、そして保育園で実習生が子どもたちに手あそびをしてくれるのを見て覚えたものもあります。これからも新たな手あそびやうた、いろんなバージョンを覚えて、子どもたちが手あそびやうたを通して楽しいなぁ、またしたいなぁと思えるような保育を保育者も楽しみながらしていきたいです。

第３章

記録と対話が保育を変える

愛知・のぎく保育園　**条静香さんの記録と園ぐるみの対話から**

この章で紹介するのは、愛知・のぎく保育園の０・１歳混合クラス（０歳の後半児と１歳前半児）秋ごろの実践です。この年から保育者として働きはじめたばかりの条静香さんは９月ごろ、１歳前半のカナちゃんの表情に笑顔がなく、フラフラ歩き回る姿が気になりはじめました。どうしてだろう？ カナちゃんの気持ちを知りたい！ と悩みはじめた条さんは、カナちゃんの姿をじっくり観察し、自分の保育について省察してみることにしました。

いろいろ興味があって歩き回るのかな？ 絵本を読んでほしくて指さしている？ 大きいグループの子とのかかわりは緊張するのかな？……など、それまでなんとなく感じていたこと、考えていたことについて、場面記録を書くことを通していろいろ違った見方ができてきます。自分のかかわり方についても、ままごとでの受け応えのしかたが４パターンしかない⁉ と気づいたり……。

フラフラ歩き回っているカナちゃんをどんなふうにあそびに誘ったらよいのだろう？ どんなあそびならカナちゃんが楽しめるのかな？ など、自分ひとりでは解決できない疑問や悩みを、クラス担任同士の話し合いや園全体で行う「まとめ会」での討議を通して掘り下げ、具体的な手だてが工夫されていきます。条さんの記録には、子どもの自発的な**〈探索・探求する生活〉**を大事にしながら、どのように**〈文化に開かれた生活〉**にかかわるあそびをしかけていくか――自身の働きかけや受け止め方の不十分さを自覚して子どもとの関係を変え、その中で子どもたちが変わっていった経過がていねいに記述されています。

ここでは、条さん自身の記録とのぎく保育園全体で行う会議の資料や記録から、１歳なかばごろの飛躍的移行期（発達の節）にさしかかるころ、子どもたちの発達上の願いがどのように変化するのか、そして、保育に行きづまったとき、子どもの心が見えなくなったときに、「書いてみる」ことがなぜ大切なのかについて、考えてみたいと思います。

１）“笑っていない”カナちゃんの気持ちを知りたい！
――ていねいに場面を記録してみる

のぎく保育園は現在、０歳児～５歳児までの80名定員で朝７時15分～20時15分までの保育をしています。この年度の０・１歳児混合クラスひよこ組は、０歳児クラスからの持ち上がりの子が10名と、新入園児３名の13名のクラスで、担任は３名（持ち上がり１人と新人保育士の２人）。

まずは、子どもとの信頼関係を基盤にして保育をつくってきました。１歳半をすぎたころから自我がめばえ、友だちへの関心もでてきたところで、布あそびやマテマテなど、みんなで「楽しいね」という気持ちを共感し合えるあそびを大切にしてきました。また、一人ひとりの好きなあそびを見つけ、おとなもあそびの中に入って共感していくこと、そのあそびを広げていくこと、そのとき“どんな気持ちで遊んでいるんだろう”と、子どもの表情や姿などから考えることを大切にしてきました。

ところが、４月から働きはじめて半年以上がたち、そうした１歳半を迎える子どもたちの様子を見ていて、自分はどのようなかかわり方やあそびづくりをすればいいのか悩むことがありました。

とくに、９月くらいから、あそびのとき、カナちゃん（１歳３ヵ月）がフラフラと部屋のなかを歩き回ることが気になっていました。そのときには、たくさん興味があっていろんなものを見ているのが楽しいんだな、また、歩くのが楽しいのかなと思っていました。しかし、そのときの表情を見ると、“真顔”といったように見え、カナちゃんはそのとき、どのような気持ちなのかわからないなと思うようになりました。

ここで粂さんは、「カナちゃんの気持ちを知りたい」と思い、場面記録を書いてみることにしました。10月上旬、カナちゃんが1歳4ヵ月のころです。粂さんの記録（一部図式化しています）をたどっていきましょう。

気づき・疑問・悩み（10月上旬）

カナちゃんはあそびの中でどういう思いをもっているのだろう？ もっと楽しく遊べる環境をつくるためには、どのような配慮などが自分には足りないのか見つめ直していきたい。

↓ **場面記録を書いてみたら……**

新たな気づき

・フラフラ歩き回る、人形あそび、携帯電話のおもちゃのあそびなど、カナちゃんが好きだと思っていたあそびは……
　→一つひとつのあそびが短く感じられる。
・満足感を感じていればいいと思っていたが……
　→満足そうではない。
・気になっていたので私と遊ぶことが多かったが……
　→いっしょに遊んでいて笑っていない。

このように、ていねいに記録をとってみることで、じっくりと遊び込めていないカナちゃんの姿が浮かび上がり、それまで漠然としていたカナちゃんの印象がはっきりとしてきました。そこでさらに、カナちゃんはどんなあそびをしているのか、友だちとの関係はどうなのかをよりていねいに見てみたところ、次のようなことがわかりました。

カナちゃんの好きなあそびは？

・絵本が好き……『ぴょーん』（まつおかたつひで作・絵、ポプラ社）の絵本でまねっこし、『ふうせんねこ』（せなけいこ作・絵、福音館書店）で口をふくらます。自分で絵本を開いて読むこともあるが、持って歩くことも多い（不安で持っている感じではない）。絵本を指さして“とって”と要求するけど、その絵本を見ていないときもある。

・人形あそび……人形を寝かせたり、揺らしたりしている。
・布あそび……おとなが布をひっぱって、その上に乗っているのを楽しむ。
にぎりぱっちりも好き（まねっこしてみようとする）。
・リズム、ひっぱりおもちゃ、マテマテあそび、いないないばぁも好き。
・探索が好き。感触あそびは苦手。

カナちゃんの友だちとのかかわりは？

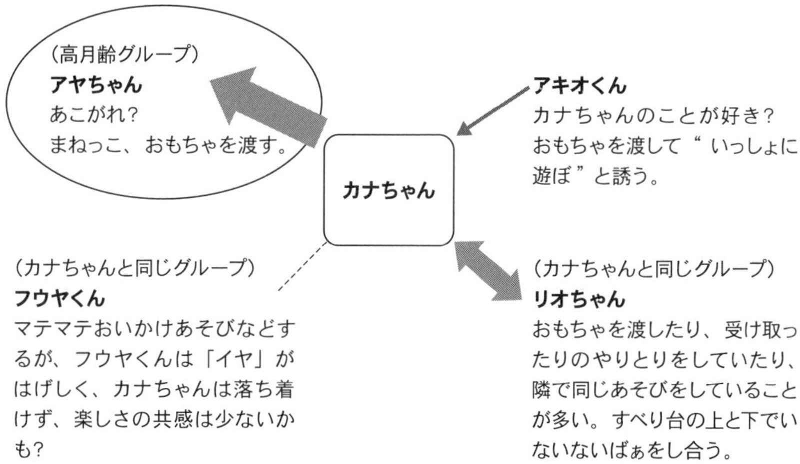
（高月齢グループ）
アヤちゃん
あこがれ？
まねっこ、おもちゃを渡す。
アキオくん
カナちゃんのことが好き？
おもちゃを渡して“いっしょに遊ぼ”と誘う。
カナちゃん
（カナちゃんと同じグループ）
フウヤくん
マテマテおいかけあそびなどするが、フウヤくんは「イヤ」がはげしく、カナちゃんは落ち着けず、楽しさの共感は少ないかも？
（カナちゃんと同じグループ）
リオちゃん
おもちゃを渡したり、受け取ったりのやりとりをしていたり、隣で同じあそびをしていることが多い。すべり台の上と下でいないないばぁをし合う。

こうした粂さんの記録をもとに、クラスでの話し合いがもたれました。

疑問・悩み（クラスで話したこと）

カナちゃんは大きいグループのあこがれている子が気になって、その子のおもちゃを取ろうとしたり、そばに行こうとしたりする。すると、はげしく「イヤ」と言われたり、時々押されそうになったりすることもある。それでカナちゃんはドキドキしてしまい、落ち着かなくて歩き回るのかもしれない。

クラスでの話し合いの中で……

新たな気づき

友だちに関心があるカナちゃんなのに、自分は「保育士対カナちゃん」というあそびを多くしていた。

先輩からのアドバイス

マテマテおいかけあそびや布あそびなど、「個々で」から「みんなで」楽しいと感じることができるからだを動かしたあそびも取り入れ、友だちの存在を感じられるあそびを大切にしていこうと先輩から、アドバイスをもらいました。その他に、電車ごっこなど簡単なみたてのあそびも入れていこうと話し合いました。

このように、記録と話し合いを重ねた10月。月がかわり、それまでとは違うカナちゃんとの楽しい時間が生まれます。この時の様子を、粂さんは次のように記録しています。

11月2日（金）おやつ後　カナちゃんの好きなあそびに共感したい

『ふうせんねこ』
せなけいこ 作・絵
福音館書店

カナ：『ふうせんねこ』（絵本）を見ている。

保育者：「うわぁ、カナちゃん、ふうせんねこおもしろそうだね。しーちゃん（私）も、ピンクのイス、おすわりとんして、わんわんついてるの見よっかな」と言って、隣で絵本を見はじめる。

カナ：私を見て、ニッコリ笑う。

保育者：「あっ、わんわんいた。かわいいな」など指をさしながら、絵本を楽しむ。

カナ：自分の絵本や私が見ている絵本を見て「アッ」と言って指さしをする。

保育者：「本当だね。〇〇いたね。絵本見るの、おもしろいよね」などとことばかけする。

リオ・アヤ：近づいてくる。

保育者：「リオちゃんとアヤちゃんも絵本見るかな」と聞く。

リオ・アヤ：うなずく

保育者：２人に、それぞれ絵本を渡す。

それから、４人で、「アッ」「ワンワン」「ころころ」など“こんなのついていたよ”と自分の見ている絵本を指さしたり、たまには、友だちの絵本を見ながら楽しみました。

＊　＊　＊

まずは、カナちゃんの好きなあそびを自分も思いきり楽しみたいという思いがあり、隣でまねっこして絵本を見てみました。カナちゃんの隣でいっしょに絵本を見ることで、カナちゃんの表情が急に明るくなったのを感じました。子どもと楽しさを共感するって本当に大切なことなのだと実感しました。絵本を見ているうちに、リオちゃんやアヤちゃんも来て、４人で楽しさを共感することにつながり、カナちゃんは楽しそうだし、何か安心しているように感じました。絵本を持って歩いていることが多いカナちゃんだったけれど、この時間は、じっくりと絵本を見て楽しんでいました。

この場面でカナちゃんは、粂さんが自分の隣に座って、まるで自分のまねっこをするように「イッショ」のことをしはじめてくれたことがうれしかったようです。これまでの粂さんであれば、絵本を読んでいるカナちゃんを“好きな絵本を読んでいるな”と見守ることで、結果としてカナちゃんの「ひとりあそび」で終わらせたり、カナちゃんから何か要求があれば応えるという保育者との「１対１」のかかわりに終始していたかもしれません。

それが今回は、カナちゃんと「イッショ」のことを隣でしはじめたことで、**他の子たちを惹きつける場の空気**をつくることができたのです。**静かに子どもたちを引き寄せる「あそびの渦」**と言ってよいでしょう。にぎやかに歌ったり踊ったり、目を引くモノを出して子どもたちを誘い込むような「あそびの渦」も必要ですが、このときの粂さんがつくりだしたような、静かに気持ちを寄せ合う「あそびの渦」もまた大事だと思います。

さらに、クラスの話し合いの中で、「『個々で』から『みんなで』楽しいと感じるあそびをしていこう」というアドバイスをもらっていたことで、寄ってきたリオちゃんとアヤちゃんも「イッショに」絵本を見よう、という誘い方ができたのではないでしょうか。これまで、絵本を持ってフラフラ歩いていることが多かったカナちゃんでしたが、気の合うリオちゃんやあこがれのアヤちゃんともイッショに絵本を見ることができて、「安心」したかのように楽しい時間を過ごすことができました。

保育を支える保育者集団① 園全体で保育を組み立てる

のぎく保育園では、年１回の総括、毎週のクラス打ち合わせのほか、１年を３つの期にわけ、各期のはじめの時期にクラス・園で話し合いを行い、保育を組み立てています。（カナちゃんの様子が気になりはじめたのはⅡ期のはじまりのころで、この時期は「人とのかかわり」をテーマに実践を追って、各クラスでまとめることになっていました。）

〈各期に行う「まとめ会」〉

・Ⅰ期：新しく出会った子どもたちを念頭にクラスの保育方針をつくる
　　（おおむね５月の土曜日５時間）
・Ⅱ期：Ⅰ期を受けて子どもたちの様子と実践をふり返る
　　（おおむね９月の土曜日５時間×２日、平日１時間）
・Ⅲ期：ぐっとまとまりつつある集団のカラーをとらえつつ、どのように実践を展開していくか検討し合う
　　（おおむね12月の土曜日５時間×２日、平日１時間）

〈その他の話し合い〉

・年間計画総括（３月の土曜日５時間）
・各クラス打ち合わせを毎週（１時間）

これらの園全体の会議に向けて各クラスでは「まとめ」を準備します。「まとめ」を書くうえで重要なのが「場面記録」です。のぎく保育園では、子どもの姿とともにその時の保育者の思いも浮かび上がるように、また、急激に増えた新人も含め職員一人ひとりが保育で困った状態を打破する手がかりをつかんでほしいという願いから、それまで幼児で取り組んでいたものを園全体へ広げていったという経緯があります。

「まとめ」は事前に園長・主任が読み、「まとめ会」で論議する視点と、補足の欲しいところを検討します。その後、主任（乳児・幼児に分かれている）それぞれがコメントや進行表を作成し、「まとめ会」をすすめます。すべての職員は各クラスの「まとめ」を読み、感想・疑問点を用紙に記入して提出します。「まとめ会」後、主任は、論議された内容とともに各クラスに対して出された感想なども盛り込んだ「まとめ会」の総括・各クラスの総括を作成し、再度全職員で共有します。

2）カナちゃんが楽しく遊び込めるように
――保育者のかかわり方をふり返る

友だちと「イッショ」のことが楽しいカナちゃんなんだ、と気づいた粂さんですが、個別のかかわり方についてまだまだ悩みはつきません。「私といるときには、フラフラしているか、遊んでいてもすぐに目移りして早くあそびが終わっている感じがする」「遊んで満足感を感じていないのかな」という思いがあり、自身のかかわり方について再び考えてみました。

気づき・疑問・悩み　（11月７日）

・カナちゃんが１人でままごとなどで遊びはじめたとき、私は近くに寄って行っていたが、カナちゃんはおとなとの距離が近くなると圧迫感を感じるのかな。そのときのことばかけも、子どものあそびのイメージがふくらむものではなく、いつも同じようなことばかけでつまらなかったのかな？

・ままごとをしているときのことばかけは、「うわぁーおいしそう」「あっちっちかな」、チェーンがあるときには「チュルチュルめんめんだね」、お手玉があったときには、「♪せんべせんべやけた」と返すなど、自分には４パターンしかないことに気がついた。

・カナちゃんがフラフラしていて、あそびが見つかっていないとき、あそびの誘い方をどうしたらいいのかわからない。絵本を指さすのはどういうときなのかな？

・カナちゃんが登園する８時ごろって、何人かの子が次々と登園する時間帯で、そのときの環境が子どもにとって“遊びたいな”という気持ちにならなかったのかな。早番で来るときには、人形をふとんの上に寝かせたり、ままごとの机には、皿の中にチェーンを入れたり、ブロックも出したりしているけど、８時くらいになると、だんだんと子どもが増えてきて、おもちゃの片づけなどあまりうまくできてなかったことに気がつき、反省した。

工夫しようと思ったこと

・もっと自分自身も食べるまねっこをして楽しんだり、「これ、おいもかな」など子どもがわかるような野菜の名前を入れてことばかけをしたり、本当においしそうにリアクションを大きく言ってみよう。
・子どもが遊びたいなと思う環境は、おもちゃの設定のしかたと、他の子が楽しそうに遊んでいる雰囲気が大切なのかもしれない。

園全体の話し合いに向けて、再度、ていねいな場面記録を書いてみる（→180ページ）

新たな気づき・反省

この場面から、カナちゃんは、アキオくんが好きでいっしょに遊びたくて、自分からあそびに誘い、アキオくんのことをまねっこしているということが伝わってきました。また、カナちゃんは、絵本が好きでよく絵本を「アッ」と指さしていて、それは“この絵本が見たいから取って”ということだと思っていたけど、“友だちといっしょに遊びたかったが、かなわなかった”“あそびがつまらなくなった”ときなど、あそびが途切れたときに、絵本を指さすこともあるんだと感じました。

友だちに関心があるカナちゃんは、「○○ちゃんと○○するかな」という大好きな友だちの名前を入れたあそびの誘い方に対しては、あそびに入ってくることがわかりました。そして、友だちに関心が出てきた低月齢グループの子にとって、保育士が仲立ちとなり、「○○だったよね」と、その子の思いを聞き、相手の子の思いを代弁することが大切だと感じました。

今まで、私は、そのようなことばかけが全然できていなかったと気づき、反省しました。このとき、アキオくんは集中してぽっとん落としをしているのに、アキオくんに「カナちゃんがブッブーでいっしょに遊ぼうなんだって」とことばかけをしてしまい失敗しました。アキオくんが違うあそびに集中していたら、カナちゃんに対して、「アキオくんと遊びたかったのかな。今、アキオくん、あなあなぽっとんしているみたいだから、またあとからだったらいいのかな」や「じゃあ、しーちゃん（私）といっしょに遊ぼうか」などとことばかけをすることが大事だったのでは？ と思いました。

保育を支える保育者集団② カナちゃんのことを園全体で話し合う

「カナちゃんはどういう思いで遊んでいるのだろう？」と担任が悩んでいたことから、友だちとかかわりたいけれど楽しさが共感しにくい、あそびが持続せず硬い表情のカナちゃんの分析を職員みんなで出し合いました。その後、カナちゃんの願いとは？ あそびの環境について、子どもにとって絵本など支えとなるものがあるという姿をどうとらえるか？ などみんなで話し合いました。

この実践の「まとめ」に対する他の職員からのコメントには次のようなものがありました。

・《友だちに関心がある》カナちゃんなのに、《保育士対カナちゃんというかかわり》を多くしていたことのところでは、どうしてそうなったのか？ 補足して下さい。
・“遊びたいな”と子どもが思う環境→おもちゃの設定とほかの子が楽しく遊んでいる雰囲気が大切では？
・カナちゃんがアオキくんを好きなこと、“友だちといっしょに遊びたかったが、かなわなかった”“あそびがつまらなくなった”ときなど、あそびが途切れたときに、絵本を指さすこともあるんだという気づきもありました。この感性がすごいですね。
・《部屋を移動した時にすぐに、人形あそびや、ままごとで遊びたくなるような環境設定を心がけた。無意識のうちにブロックや積み木を出していた→その子一人ひとりに合ったおもちゃの環境設定の工夫が大切》とありますが、もう少し補足してください。
・ままごとのことばかけが４パターンのことばしかないから工夫しよう→ままごとの最中《保育士が言ったことばによって早くあそびが終わる～》のところをもう少し補足してください。

このように、場面記録（→180ページ）やまとめを書くことで子どもの見方や保育者自身の働きかけを見直し、他の職員との対話を通して保育の意図や願いがいっそう具体的になってきました。クラスの他の担任とも日常的に話し合いながら、カナちゃんの姿をこれまでとは異なる視点で見ることもできてきました。

資料　カナちゃんの場面記録

【場面記録】　●●年　11月　8日　（●曜日）　　　記録者：粂　　　のぎく保育園　ひよこ組

テーマ	カナちゃんのあそびについて	子どもの名前（月齢）　カナ（１歳５ヵ月）
記録意図	カナちゃんの友だちへの思いや自分のかかわり方をみつめるため	
場面状況	課業	
時系列	実践過程（子どもの動き・保育士の働きかけ）	保育士の気持ち・配慮点・その他
10：20	◎八つ車で遊ぶ（つくしんぼの部屋） 　カナ、リオ、アキオ、粂 ・３人、八つ車に乗る。前へ進んだり、うしろに下がったりして遊ぶ。 　保：ブップップーと車の音っぽく言ったり、「○○ちゃんの車、かっこいいね。いってらっしゃいバイバーイ」とことばかけをしたり、うしろに下がる子には「バックオーライ♪」と言う。 ・少したつと、アキオくんが八つ車にあった穴をみつけ、そこに何か入れたいと訴える。 　保：いいものがみつからず、ぽっとん落としをアキオくんに渡す。 ・アキオくんは、ぽっとん落としに集中している。 　保：アキオくんの近くにつき、缶の中がいっぱいになったら、ぽっとんを出したり、リオちゃんやカナちゃんには、「いってらっしゃい、○○ちゃんの車かっこいいね」などとことばかけをしたり、手を振る。 ・少したつと、リオちゃんもぽっとん落としをしている方へ来て、ぽっとん落としで遊びはじめる。 ・カナちゃんは、八つ車に乗って遊んだり、アキオくんや、リオちゃんが、ぽっとん落としをしているのを見ているように感じた。 少したったころ、 ・カナちゃんが、アキオ、リオ、粂の方を見て何か言っている。よく聞いてみると、「アキオ」と言っているようだ。片手には、八つ車を持って少し押している。 　保：「カナちゃん、アキオくんとブップーでいっしょに遊ぼうってことなのかな」と、カナちゃんに聞く。 ・カナちゃんは、２回うなずく。 　保：アキオくんの肩を触り、「アキオくん、カナちゃんがブップーでいっしょに遊ぼうなんだって」とことばかけをする。 ・アキオくんは、ぽっとん落としをしている。 　保：「そうだよね」。カナちゃんに、「カナちゃん、今、アキオくん、あなあなぽっとんしてるんだって。あなあな終わったら来るかな」とことばかけする。 ・カナちゃんは、八つ車に乗って遊びはじめる。 　保：「いってらっしゃい」など、カナちゃんにことばかけをする。 ★少したつと、カナちゃんが「アー！」と言って、絵本を指さす。 　保：「カナちゃんも、アキオくんとリオちゃんとあなあなぽっとんする？」と聞く。カナちゃんはうなずき、ぽっとん落としで遊びはじめる。 ・その後、アキオくんがサルのパペットを寝かせたり、ブロックで遊びはじめると、カナちゃんは、まねっこしをして、人形を寝かせたり、ブロックで遊びはじめる。	リオちゃんの足の蹴りが弱いのが気になっていたので、その足の様子をみたくて、八つ車で遊ぼうと思っていた。 もしかして、アキオくんの名前を呼んでいるのかな、誘っているのかな、と疑問に思いつつ、カナちゃんに聞いてみる。 カナちゃんの行動から、アキオくんといっしょに遊びたかったことを知り、私は驚いた。友だちを自分から誘うカナちゃんをはじめて見た。 このとき、カナちゃんのあそびが途切れたな、と感じた瞬間に、カナちゃんは絵本に指さしをしたように思えた。私はあそびに誘うとき、はじめて、「○○ちゃんと○○ちゃんと□する？」とことばかけをした。友だちに興味がたくさんあるカナちゃんにとって、このようなことばかけがいいかな、と考えた。 いつもよりもブロックなど、集中していた気がした。

この場面記録を通して、粂さんは2つの発見をしました。1つは、カナちゃんが“アキオくんと遊びたい”と自分からアキオくんに声をかけるようになったこと（9月時点ではアキオくんからカナちゃんへの誘いかけだけが把握されていました→173ページ)、もう一つは、カナちゃんが絵本を指さすのは「あそびが途切れた」時らしい、ということです。そして、はじめて、「○○ちゃんと○○ちゃんと□する？」というように、大好きな友だち2人の名前を入れて仲をとりもつようなことばかけをしてみたのでした。

この粂さんの記録はとても大切なことを教えてくれています。それは、**「子どもの表面上の『要求』は、必ずしも『本当の願い』（発達要求）ではない」**ということです。カナちゃんの場合、絵本を指さすからと言って絵本そのものを要求しているわけではなく、“もっと楽しい（何かほかの、あるいは、今やっている楽しい）ことがしたい（続けたい）”というメッセージを伝えたかったのですね。

左のページの粂さんの場面記録に、★印と下線を付したところに注目してください。カナちゃんが「アー！」と絵本を指さしたことに対して粂さんが「カナちゃんも、アキオくんとリオちゃんとあなあなぽっとんする？」と聞いているのは、文脈的に「かみ合っていない」ように思えます。以前の粂さんであれば、「カナちゃん、絵本見るの？」と返して、文脈的には「かみ合っていた」（けれども、カナちゃんの本当の願いとはかみ合っていなかった）でしょう。カナちゃんは必ずしも八つ車で遊びたかったわけではなく、絵本を見たかったわけでもなく、「リオちゃんやアキオくんとイッショに」遊びたかったのです。

文脈上は「かみ合わない」返し方で、カナちゃんの「本当の願い」をくむことができたのは、場面記録の右の欄（保育士の気持ち・配慮点）に書かれているように、「このとき、カナちゃんのあそびが途切れたな、と感じた瞬間に、カナちゃんは絵本に指さしをしたように思えた」「友だちに興味がたくさんあるカナちゃんにとって、このようなことばかけがいいかな、と考えた」という省察があったからです。

日々の保育の中では、子どもの言動に対してその時どきのとっさの判断が求められ、そこに保育者の保育観や子ども観が如実にあらわれます。「保育士対カナちゃん」という1対1のあそびがメインで「いつも同じようなことばかけ」になっていた粂さんでしたが、「友だちに興味がたくさんあるカナちゃん」という見方ができるようになった（＝カナちゃん観が変わった）ことで、「絵本を指さす」行動を“翻訳”してカナちゃんの願いに添った働きかけができたと考えられます。

ぽっとん落としに集中していたアキオくんに「カナちゃんがブッブーでいっしょに遊ぼうなんだって」とことばかけをしたことを、「失敗しました」とふり返っていますが **(→178ページ)**、私は「失敗」だとは思いません。「アキオくんと遊びたかったのかな。今、アキオくん、あなあなぽっとんしているみたいだから、またあとからだったらいいのかな」や「じゃあ、しーちゃん（粂さんのこと）といっしょに遊ぼうか」などとことばかけをすることが大事だったのでは？ とも書かれていますが **(→178ページ)**、これらのことばかけは、カナちゃんの気持ちを「代弁」しているとは言えないと思うからです。この場面で粂さんが、カナちゃんとアキオくんの**それぞれの気持ちに寄り添って「代弁」し、２人の間を橋渡し**したことは、友だちとイッショに遊びたい気持ちがめばえてきた子どもたちにとって適切なかかわりであったと思います。

次の場面では、そんな橋渡しが、カナちゃんとチヅちゃんをつなげ、“イッショ！ がたのしい”を実感できる時間をつくりだしています。先の八つ車の場面で「絵本の指さし」にかくされていたカナちゃんの本当の願いを「発見」し、手応えをつかんでいた粂さんだったからこそ、この日はカナちゃんとの“あうん”の呼吸のやりとりが実現しています。悩みながらも地道に続けてきた記録と省察が、結実した場面です。

11月19日（月）朝　走って楽しんでいる

カナ：ままごとをしていて、急に「イェイ、イェイ」と言って走りはじめる。

保育者：カナちゃんのまねっこをして、いっしょに「イェイ、イェイ」と言って追いかける。

カナ：もっと大きな声で「イェイ、イェイ」と言って、たんぽぽの部屋からつくしの部屋へ走って行く。

チヅ：あそびに入ってくる。

３人でくり返し、楽しむ。

チヅ：車のおもちゃで遊びはじめる。

カナ・保育者：「イェイ、イェイ」と走っている。

カナ：だんだんと歩きはじめる。

保育者：もう終わりかなと思い、止まる。

カナ：絵本を指さす

保育者：「カナちゃん、もっとイェイイェイって遊びたかったのかな」と聞く。

カナ：うなずく。

カナ・保育者：「イェイ、イェイ」と走ってまた遊びはじめる。

この日、「イェイ、イェイ」と最初に遊びはじめたのは私が中番で部屋に入る前のことでした。私は、リーダーの増村保育士、リンちゃん、タクヤくん、カナちゃんとで遊んでいたのを見ていたので、カナちゃんは、そのとき遊んだのが楽しくて、自分から「イェイ、イェイ」と言って走りはじめたのかな、と感じました。また、絵本を指さしたとき、“もっと遊びたかった”という思いを出しているように思いました。カナちゃんは絵本が好きで絵本が見たくて、“とって”と指さしするだけでなく、自分の気持ちに気づいてほしいというカナちゃんの気持ちが伝わってきました。そして、絵本はカナちゃんにとって安心できるものであるし、指をさせば保育士が自分を見るということを知っているので、絵本を指さし、自分の思いを出していたのかなと感じました。

＊　＊　＊

他に、この日、他の子のあそびを見て、ニコニコしながら歩いていることがあったよ、とリーダーの増村保育士から聞きました。フラフラと歩いているのは、あそびがつまらなくて、大きい子に対しての不安があるからだと思っていました。しかし、そのような思いだけでなく、楽しそうに遊んでいる他の子の様子を見て、自分も遊んでみたいなと感じているのではないかと思ったよ、という増村保育士の話を聞いて、そうかもしれないと思いました。

そういえば、10月上旬のころ（カナちゃん１歳４ヵ月）は、月齢の大きいグループの子がおもしろそうに遊んでいると、カナちゃんは、“きっとこのおもちゃはおもしろい”と思い、そのおもちゃで遊びたくなり、その子のおもちゃを取ろうとすることが多かったように感じました。今は、そのおもちゃを取ろうとすることもありますが、その子のまねっこをして遊ぶことが増えてきたことに気づきました。それは、月齢の大きいグループの子だけでなく、月齢の近い小さいグループの子と遊ぶときにも、あそびのまねっこが増えてきたことを感じました。

3）発達の節目をこえようとしていたカナちゃん

――子どもとともに保育者も成長する

カナちゃんとのかかわり方に悩み、カナちゃんの姿を意識的に記録するようになって２ヵ月あまりたった11月下旬。１歳６ヵ月になったカナちゃんが、同じあそびを15分以上続けることが増え、朝も１人でじっくりと遊んでいることが多くなったことに気づいた粂さん。再度カナちゃんをじっくり観察します。

１歳６ヵ月になったカナちゃんの遊び方

・ままごとでは、よくお椀をたくさん出して、その中にお手玉を入れたり出したりしている。その後、時々、手と手を合わせて“いただきます”をしたりしてから、食べるまねっこをしている。

・人形あそびでは、何人かの人形を寝かせて、ブロックも寝かせているのを見たことがある。

・ままごとのイスを車にみたてているみたいで、その上に人形を乗せたりして自分で押している。電車ごっこでは、輪をハンドルにみたてて、ユウハちゃんと保育士で楽しむ姿も出てきた。

カナちゃんがじっくりと遊ぶようになったわけは？

・自我がめばえて、“こうやって遊びたい”という思いがたくさん出てきたのかもしれない。

・遊び方がわかったのかもしれない。前は、ままごとのときには、保育士が近くについて、♪せんべせんべやけたとお手玉をたたいて、食べるまねっこをするのを楽しんでいた。→お手玉を、たくさん机の上に並べお椀に出し入れしていることが多い。みたてる、というイメージする力がついてきたのかもしれない。

・５月ごろ歩きはじめてだんだんとまわりの環境が見えてきた。それから自我がめばえはじめて、友だちに対して関心があるが、よくわからず緊張していた９、10月ごろ。それから、友だちに対する関心が広がってきた11月ごろから、友だちと楽しさを共感することで、ほんの少し、まわりの環境に対して安心感を抱くようになってきたのかもしれない。

カナちゃんは夏ごろまで、人形や携帯電話などのおもちゃが好きでよく遊んでいたようですが、それは、持つ、抱く、ひっぱる、押すなど、そのモノ自体を操作するようなあそびであったと考えられます。１歳なかばへの飛躍的移行期を迎えて、**イメージする力や模倣する力が育ってくると**、そうした遊び方では物足りなくなり、**みたてやつもりを取り入れて遊ぶ、まねっこをして遊ぶという「文化共有活動」を求める**ようになってきます。カナちゃんはそのようなあそびを求めて、友だちのやっていることが気になってフラフラ、ウロウロしはじめたと考えられます。

こうした姿を、「歩き回るのが楽しいんだ」「探索するのが好きなんだ」ととらえて、ただ見守っているだけだと、子どものほうは“おもしろくない”ということになります。カナちゃんの姿が気になりはじめたころの粂さんの見方、かかわり方は、カナちゃんの飛躍的な発達の移行を「導く」というよりは、「後追い」的になっていたようです。

カナちゃんの求める「新しいあそび」の世界は、電話のボタンを押したらモシモシ……、人形を寝かせたらふとんをかけてトントンして……、お鍋に「食べ物」を入れたらまぜまぜして……など、**「こういうモノを、こんなふうに使って、こういうつもりで遊ぶと楽しいね」ということを教えてもらい**つつ、保育者との１対１の関係をこえて、**友だちとイッショにする、同じ（ような）ことをする**なかでひらかれていきます。カナちゃんに笑顔が戻り、じっくり遊び込むようになってきたのは、粂さんの働きかけがこうした新しいあそびを「導く」ものへと変化したことが大きいように思います。子どもが大きく変わっていくときというのは、まわりのおとなもまた成長を求められるときなのですね。

粂さんの観察の目は、あそび場面以外にも向けられるようになり、記録には、カナちゃんの生きいきとした姿がしっかりととらえられています。

あそびの部分だけでなく、他にも変化がありました。

・「ワンワン」「ネンネ」「ガーガー」（鳥）などのことばから、牛乳を飲んで、「ツメターイ」「オイチー」と言ったり、絵本を読みたいときには、「ミマミマ」（みるみる）や、絵本の名前などを言ったりして保育士に取るように要求することもありました。

『ノンタン あわ ぷくぷく ぷぷぷう』（キヨノサチコ作・絵、偕成社）
→ぷくぷく
『あがりめ さがりめ』（いまきみち作、福音館書店）
→自分の目を上げたり下げたりする

・園庭で遊んでから部屋に入るときなど、嫌なときには、「イヤダ！」と言う姿が出てきました。
・朝、牛乳を飲みに行くときや、散歩に行く直前まで、絵本を持っていることが多かったのですが、「この本ナイナイして、○○しにいこうか」などというと、絵本を置いて、次の活動に向かう姿も出てきました。
・何よりも、笑うことが多くなりました。（私自身も、カナちゃんと笑い合うことが多くなったかもしれない）。散歩に行って、「アッ」と指さしをし、見つけたものを保育士に伝えてくれることが多くなった気がしました。

4）学び合い育ち合う保育者集団

この実践を通して、「場面記録を書く」ことが、子どもをていねいに見る目を養い、自分の働きかけと子どもの反応・行動との関係を浮かび上がらせるためにきわめて重要であることを実感できました。それだけではなく、クラス内外の保育者間でその記録を読み合い対話することを通して、保育者自身が気づいていなかった働きかけの意図や子どもへの思いが掘り起こされ、エピソードを多面的に考察し、思い悩む現状を変えていく力となることが伝わってきました。場面記録を書くことの意義は、**ふだん見過ごしがちな事実に気づいて「自分自身と対話」し、その中身を「他者・仲間との対話」を通して見つめ直すことで、「子どもとの対話」をよりよいものへと変化させていくことにある**と思います。

毎日の生活が怒濤のように過ぎていく実践のなかでは、よほど自覚的に詳細な記録を書きためていないかぎり、すべての「大事なこと」を覚えて

保育を支える保育者集団③ 園ぐるみで新人の粂さんの実践から学ぶ

カナちゃんに対する問題意識を担任同士や園内で共有できたことで、カナちゃんを見る目が大きく変化しました。カナちゃんと他の子どもとのつながりに目を向けるようになり、カナちゃんの願いが見えてきたのです。「まとめ会」で粂実践について掘り下げ、議論をしたあと、他の職員から次のような意見・感想が寄せられました。

・友だちとつなげるには、まず保育士が中に入って、友だちとつなげてあげることが大切。動作のまねっこが楽しい1歳後半、保育者もいっしょに楽しむことが、“いっしょが楽しい”という経験につながると思う。
・子どもの姿から、何を今その子が願っているのか気づけるか気づけないかで、子どもとの信頼関係にも影響するのだなと思った。
・わからないからそこで終わり、とならないで、受け止めて「どうしてなのか？」とわかろうとすることが大切……は本当だなと感じた。
・絵本を指さすことで「あそびが途切れた」と感じたり、子どもの表情から「つまらないかなあ？」とあそびを見直したりなど、子どもの姿をよく見ること・子どもの姿から学ぶことの大切さにあらためて気づかされました。（多数）

おくことはできません。その時には気になっていたことも、他の多くの出来事にうもれて心の底に眠っている……というようなことがたくさんあるのではないでしょうか。

ろう学校で長年教師を勤められた竹沢清さんは著書『子どもが見えてくる実践の記録』のなかで、「（この子には、こうなってほしい）と私たちは願います。そんな思いで見守っていると、（あっ、一歩近づいた）、と感じる瞬間が必ずあります。そのとき、その事実を、“すくいあげるようにして”記すのです」と、「**実感から出発する**」実践記録の書き方を示しています。そして、その「実感だけに満足するのではなく」、（この「小さな変化」はなぜ起きたのか）、（この事実に、私が心を動かしたのはなぜか）……と、**一つひとつの事実に「『こだわり』続ける」**ことの大切さを述べています[6]。

こうした“宝物”の事実を掘り起こす支えになるのは、「聞き手」なのだと思います。時には、「そんなことを自分が考えていたなんて……（驚）」という大きな気づきが「対話」のなかでは起こりえます。「聞かれれば」鮮明にその場面を思い起こせるというのが実践者の強みであり、そのときの意図、その後の変化（保育者、子どもの）などを書き加えていく過程で、場面記録が、互いに学び合える貴重な「実践記録」になっていくのだと思います。

粂さんの「まとめ」に対するコメントには、第三者が文面で読むと“ちょっと厳しい⁉”と感じるものもありましたが、それは、次の粂さんの文章にあるように、のぎく保育園では「自分だったら……」「自分が○○だったときは……」と、「聞き手」も積極的に語ることで“イッショに”考えようとする姿勢のあらわれと言えるでしょう。

実際粂さんは、手探り状態の一年目、先輩のコメントもまっすぐに受け止め、自分の中に生まれた「問い」に対して粘り強くこたえを探り続け、実践する中で手応えをつかんできました。そんな保育者一年目を、粂さんは次のような文でしめくくっています。

のぎく保育園のまとめ会では、実践者と同じ立場になって「自分だったらどういう働きかけをするのか」や、過去似たような子どもと出会ったときの悩みを話すなど、聞き手も積極的に自分の体験談を話すことを大切にしています。そのような職員集団の中で対話することで、いろいろな保育の方法・子どもの見方を学び、保育士一人ひとりの成長につながるのではないかと思いました。

また私たちは、子どもの願いをわかるにはその子のことをわかりたいと感じないかぎり、見えてこないということをあらためて感じた１年でした。子どもの姿から、１歳半ごろの子どもたちは友だちへの関心が広がり、いっしょに遊んで楽しいと感じることのできるあそびづくりが大切だと思いました。そのためには、保育士が子どもの出している気持ちにどう気がつき、その思いを受け止め、気持ちを代弁していくのかがとても重要だと思いました。

カナちゃんがフラフラと歩いていたり、絵本を指さしたりすることは、“わたしの気持ちに気づいて”というメッセージのように感じました。あそびを見ていくなかで、おもちゃの環境設定や子どもの姿から、その子の思いを探って、あれかなこれかなとことばかけをすることなど、子どもたちから学ぶことが多くありました。そのために、遊びたくなるようなおもちゃの配置や気の合う友だち探しや、好きなあそびをわかっていることなど、さまざまなことに配慮していくことが大事でした。
　これからもっと子どもの小さな変化にも気がついて、その子の本当の願いはなんだろうと考えていけるような保育士になれるよう、子どもたちからたくさん学んでいきたいと思います。

“ぴかぴか新米”の粂さんは、もう一人の新人担任とともに、記録にも登場したリーダーの増村保育士にまずは悩みを打ち明け、ていねいに受けとめてもらえたからこそこのように自身の保育をじっくりふり返って前向きに取り組むことができたとのことです。

園全体のまとめ会では、粂さんが先輩保育者からアドバイスをもらって学んだというだけでなく、先輩にあたる保育士さんたちも、「受け止めて『どうしてなのか？』とわかろうとすることが大切……は本当だなと感じた」「子どもの姿をよく見ること・子どもの姿から学ぶことの大切さにあらためて気づかされました」という感想を寄せていました（→187ページ）。ここに、厳しさとあたたかさをあわせもつ、「学び合う」「育ち合う」保育者集団の1つの姿を見ることができると思います。ゆとりがあるとは言えない勤務条件のなかでこのように子どもを真ん中にして話し合う時間を保障しているのぎく保育園の姿勢に敬意をいだくとともに、カナちゃんは粂さんたちと出会えてよかったなあと心から思います。

1　保育計画研究会編『改訂版 実践に学ぶ 保育計画のつくり方・いかし方』ひとなる書房、2013年（改訂版）、p.18
2　全国各地40以上の地域で組織され活動している民間の研究会で、正式名称は「全国保育問題研究協議会」（ホームページは、http://zenhomon.jp/?page_id=2）。ここで話題に出た「保問研」はこのうち京都で活動している「京都保育問題研究会」のことで、体育・音楽・しょうがい児・美術・発達と集団・平和・給食・科学の各部会、地域部会、年齢別の部会が毎月開催されています。
3　東間掬子『あなたが変える室内遊び—0歳～2歳』サンパティック・カフェ、2004年
4　正木健雄・井上高光・野尻ヒデ『脳をきたえる「じゃれつき遊び」』第3章、小学館、2004年
5　Hendrick, J., Ed. 1997. First Steps Toward Teaching the Reggio Way: 1st Edition からの訳。訳書では、石垣恵美子・玉置哲淳監訳『レッジョ・エミリア保育実践入門』北大路書房、2000年、p.13
6　竹沢清『子どもが見えてくる実践の記録』全障研出版部、2005年、p.36

あとがき

この本の実践は、保育士として４年目、はじめて１歳児クラスを担任したときのものです。保育の中で悩むこと、“もっとこうしたほうが……”とふり返ることもまた多かったです。それでも毎日楽しいと感じていられたのは、やっぱり組んでいたベテランの先生方がいたからです。“こうしてみたいのですが……”という保育経験の浅い私の提案も、「いいよ～。やってみよう」とアドバイスももらいながら経験させていただき、たくさんフォローをしてもらっていました。また、「この前○○ちゃんが～」と、子どものかわいかった話、率直な話ができることにも助けられていました。「アハハ～！」と時に大笑い。――するとまた、やってみたい保育が生まれてくる。その時々出会う子どもによって保育は変化するもので、その都度失敗もしながら学んでいたように思います。

現在、保育士９年目に突入。「アハハ～」と大笑いし、いまなお時々失敗……。それでも“楽しい”と思える心の土台は、きっとこの時期に先輩方が作ってくださったのだと感じています。　**葉賀美幸**

本書に実践を寄せてくださったのは、保育研究集会などを通して出会った敬愛する保育士さんたちです。一乗寺保育園はうちの子どもたちがお世話になった（ている）園で、葉賀先生が実践記録を書いてくださった１歳児もも組は、「数日で全員」が水ぼうそうを発症。「どれだけくっついて遊んでるん!?」と親同士があきれ笑いあったほど「イッショ！が楽しい」クラスでした。大泣きで葉賀先生たちをよく困らせていた二女（25ページ「イヤだぁ」写真）は、年長時、「でもゆきちゃん、ダンゴ虫だーけーは、やめられへんねんなー」と笑い、卒園式ではあふれる涙をぬぐっていました。

今から５年余り前のこと、保育指針の改定や危機的な保育情勢を見越して、「ぼくらが“園長先生”、みんな（各年齢の執筆担当者）が“各クラスの担任”で、わいわい話し合いながら、子どもたちに喜びと希望をはぐくむ新しい保育園をつくっていく――そんな感じでこのシリーズ本を作っていきましょう」と、監修の加藤繁美先生、神田英雄先生から最初の編集会議で熱い思いが語られました。生き生き輝く実践記録たちが集まってきたものの、「予定した枠組にはうまくおさまらない」「こういうグループにわけるとそれぞれの持ち味が伝わるかな？」などなど、「一人ひとりを大事に、全体のまとまりも……」という保育士さんさながらの悩みを抱えて紆余曲折（実践記録は子どものように泣いたり暴れたりしないのが救い）。各地から飛行機や新幹線で集まって討議を重ねましたが、神田英雄さん急逝のショック、自身の出産と持病の再燃も重なって原稿に向かうことができなくなり、“もうだめ、無理……”と落ち込みまくって長～～～～い月日が流れました……………。

思いきって全体構成を組み変え、実践どうしを部分的に組み合わせる、観点を変える、「コラム」にとりだして焦点をあてて……と、“園長”や“同僚”（他の編者、実践者）との対話を通して試行錯誤をくり返すなかで、各実践の個性的なところが深まってきました。まさしく「集団づくり」の実践版、動き出した計画！　その結果、とくに第Ⅲ部は当初の計画をこえるユニークな構成・内容になりました。

本文中の子どもの写真はすべて一乗寺保育園の先生が保育中に撮ってくださったもので、１～２歳児の好奇心、“喜怒誇楽”をとらえたセンスが光っています。そして、福島のさくらみなみ保育園の子どもたちが表紙・裏表紙に登場してくれました。小麦色に焼けた笑顔から、今なお本意でない生活を強いられながらも子どもたちの健やかな発達をねがい支え続けておられる方がたの努力と希望が伝わってきます。

最後に、待って待って待ちに待ってこちらのペースに寄り添いながらも妥協することなく励まし導いてくださった“園長先生”方、ひとなる書房の松井玲子さん、名古屋社長さんをはじめ、本書づくりにかかわってくださったすべての方がたに深く感謝し、心からお礼を申し上げます。　**服部敬子**

監修者紹介

加藤繁美（かとう　しげみ）
1954年広島県生まれ。山梨大学名誉教授。著書に『保育者と子どものいい関係』『対話的保育カリキュラム 上・下』『対話と保育実践のフーガ』『記録を書く人 書けない人』『保育・幼児教育の戦後改革』『希望の保育実践論Ⅰ　保育の中の子どもの声』（以上、ひとなる書房）、『０歳から６歳 心の育ちと対話する保育の本』（学研教育出版）など。

神田英雄（かんだ　ひでお）
1953年埼玉県生まれ。元桜花学園大学教授。2010年３月、急病にて逝去。著書に『０歳から３歳』（ちいさいなかま社）、『３歳から６歳』（ひとなる書房）、『伝わる心がめばえるころ』（かもがわ出版）、『保育に悩んだときに読む本』（ひとなる書房）、『育ちのきほん』（同前）、他多数。

編著者紹介

服部敬子（はっとり　けいこ）
1969年奈良県生まれ。京都府立大学公共政策学部教授。共著に『新・育ちあう乳幼児心理学』（有斐閣）、『人と生きる力を育てる―乳児期からの集団づくり』（新読書社）、『困難をかかえる子どもに寄り添い共に育ち合う保育』（同前）、『新版 教育と保育のための発達診断（下）』（クリエイツかもがわ）など。

実践執筆者一覧（所属は執筆当時）

渡邊信生（東京・公立保育園）	第Ⅱ部第１章①
服部貴子（京都・M保育園）	第Ⅱ部第２章①・第３章①
葉賀美幸（京都・一乗寺保育園）	第Ⅱ部第２章②、第Ⅲ部第２章①③
坂本清美（京都・朱い実保育園）	第Ⅱ部第３章②
渡部洋子（東京・T保育園）	第Ⅲ部第２章②
粂　静香（愛知・のぎく保育園）	第Ⅲ部第３章
荒堀育子（京都・一乗寺保育園）	コラム１
山口陽子（元京都・くりのみ保育園）	コラム３
板庇昌子（京都・一乗寺保育園）	コラム７
藤井沙織（京都・一乗寺保育園）	コラム９

記録・資料提供

服部貴子（京都・M保育園）	第Ⅰ部エピソード
葉賀美幸（京都・一乗寺保育園）	第Ⅰ部エピソード、コラム２・４・５・６
京都・一乗寺保育園	第Ⅲ部第１章
愛知・のぎく保育園	第Ⅲ部第３章
坂本清美（京都・朱い実保育園）	コラム２
渡部洋子（東京・T保育園）	コラム４
京都・一乗寺保育園給食室	コラム８

本書には現場の保育者の手で記録されまとめられた保育実践・事例を数多く収録しています。ご協力いただいたみなさまに心より感謝いたします。なお掲載にあたっては、保護者の快諾をいただいた一乗寺保育園の子どもは実名、他の園の子どもの名前はプライバシーに配慮して仮名とし個人を特定する事実関係は一部変更しています。また本書の流れに合わせて適宜要約しています。（編著者）

カバー写真／川内松男（撮影協力／福島・さくらみなみ保育園）
カバー装画／おのでらえいこ
本文イラスト／せきしいずみ
本文写真／一乗寺保育園、他
巻頭付録写真／第一そだち保育園、第二そだち保育園、あかねの風保育園、あかねの虹保育園、岡山市立神下保育園、他
装幀・本文デザイン／山田道弘

子どもとつくる１歳児保育――イッショ！がたのしい

2013年８月20日　初版発行
2024年５月10日　七刷発行

監修者　加藤繁美・神田英雄
編著者　服部敬子
発行者　名古屋　研一

発行所　㈱ひとなる書房
東京都文京区本郷2-17-13
広和レジデンス
電話　03-3811-1372
Fax　03-3811-1383
hitonaru@alles.or.jp